宋·董煟撰

救荒活民書

中国书店

詳校官左中允臣莊通敏

臣紀昀覆勘

欽定四庫全書　　史部十三

救荒活民書　　政書類邦計之屬

提要

臣等謹案救荒活民書三卷宋董煟撰煟字季興鄱陽人紹熙五年進士嘗知瑞安縣是書前有自序謂上卷考古以證今中卷條陳救荒之策下卷備述本朝名臣賢士之所議論施行可為法戒者書中所叙如以常平為

始自隋義倉為始自唐太宗皆不能遠考本原然其載常平粟米之數固隋書所未及志也其宋代蠲免優恤之典載在宋史紀志及文獻通考續通鑑長編者此撮其大要不過得十之二三而當時利弊言之頗悉實足補宋志之闕勸分亦宋之政令史所失載而此書有焉他若減租代種淳熙卹災令格皆可為史氏拾遺而宋代名臣救荒善政亦多堪

與本傳相參證猶古書中之有裨實用者也

乾隆四十九年閏三月恭校上

總纂官臣紀昀臣陸錫熊臣孫士毅

總校官臣陸費墀

救荒活民書原序

臣聞水旱霜蝗之變何世無之然救荒無術則民有流離餓莩轉死溝壑之患臣不才幼嘗竊慕先朝富弼活河朔飢民五十餘萬私心以為賢於中書二十四考遠矣困處閭閻熟覩民間利病與夫州縣施行之善否心口相誓異時獲預從政願少攄活民之志於是編次歷代荒政釐為三卷上卷考古以證今中卷條陳今日救荒之策下卷則條述本朝名臣賢士之所議論施行可

鑒可戒可為矜式者以備緩急觀覽名曰救荒活民書然半生奇蹇晚叨一第而憂患薰心齒髮疎落深恐蒲栁之資不任風雪則臣之素志無由獲伸謹繕寫進呈伏望聖慈萬幾餘閒俯賜乙夜之覽儻或可備採擇乞賜睿旨頒行州縣庶幾上助九重惠澤黎元之萬一云

臣董煟謹序

救荒活民書卷上

宋 董煟 撰

帝曰棄黎民阻饑汝后稷播時百穀禹曰洪水滔天浩浩懷山襄陵下民昏墊予乗四載隨山刊木曁益奏庶鮮食予決九川距四海濬畎澮距川曁稷播奏庶艱食懋遷有無化居烝民乃粒萬邦作乂

煟曰唐虞之時國用尚簡上之人取於民者甚少

凡山澤之利盡在於民故當阻飢之際特使通融
有無而已今世民困財竭則通融有無須上之人
有以考之然規模淺陋者猶滯於一隅殊失唐虞
懋遷之意

湯旱而禱曰政不節歟使民疾歟何以不雨而至斯極
也宮室崇歟婦謁盛歟何以不雨而至斯極也苞苴行
歟讒夫昌歟何以不雨而至斯極也

煟曰公孫弘以湯之旱為桀之餘烈遂有以啟武

帝之玩心大抵天變如父母之震怒為人子者知其雖非在己亦當恐懼敬事以得父母之懽心成湯聖人平時豈有此六事然必一一以為言者所以見其敬天之至也況未至成湯者可不自責哉

大司徒以荒政十有二聚萬民一曰散利二曰薄征三曰緩刑四曰弛力五曰舍禁六曰去幾（關市不譏也）七曰眚禮（凶荒殺禮）八曰殺哀九曰蕃樂（蕃讀為藩謂閉藏樂器而不作）十曰多昏十有一曰索鬼神（求廢祀而脩之也）十有二曰除盜賊

煟曰周禮救荒以散利薄征居其首今之郡縣專促辦財賦而諱言災傷州縣之官有抑民告訴者撿視之官有不敢報明分數者非不識古人活民之意顧亦迫於諸司之征催有所不暇計慮耳然以生民社稷為念者忍無策以處之

大荒大札則令邦國移民通財舍禁弛力薄征緩刑

煟曰謹按注云大荒大凶年也大札大疾疫也移民者辟災就穀也其有守不可移者則輸之粟粱

王移民粟之舉正得周禮救荒之遺意而孟子不取者非不取夫此也特譏其平居無事不能行仁政徒知罪歲而已耳

遺人掌邦之委積以待施惠鄉里之委積以恤囏厄門關之委積以養老孤郊里之委積以待賓客野鄙之委積以待羈旅縣都之委積以待凶荒

煟曰今之義倉誠得遺人委積之遺意然散貯於鄉里郊野縣都之間故所及者均遍比年義倉專

輸之州縣一有凶歉村落不能遍及矣今有仁人
在上安保其無復倣此意而行之者乎
國無九年之蓄曰不足無六年之蓄曰急無三年之蓄
曰國非其國也三年耕必有一年之食九年耕必有三
年之食以三十年之通雖有凶旱水溢民無菜色然後
天子食日舉以樂
熠曰古稱九年之蓄者蓋率土臣民通為之計固
非獨豐廩庾而已後代失典籍備慮之意忘先王

子愛之心所蓄糧儲唯計廪庾不知國富民貧其禍尤速今州縣有常平倉有義倉朝廷諸路又有封椿米斛至於大軍倉豐儲倉州倉縣倉皆不與焉但賦斂繁重民閒實無所蓄耳然官之所蓄又各有司存而不敢發馴致積爲埃塵盍亦講求古人凶年通財之義乎

宣王承厲王之烈內有撥亂之志遇烖而懼側身脩行欲銷去之詩曰天降喪亂飢饉薦臻靡神不舉靡愛斯

牲又曰靡人不周無不能止

喟曰靡神不舉靡愛斯牲説者謂慰安人心然山川禱祠從古有之亦見古人憂畏之切至於靡人不周無不能止自非當時有實惠及民安能如是

月令季春之月天子布德行惠命有司發倉廪賜貧窮賑乏絶

喟曰古人賑給多在季春之月葢蠶麥未登正宜行惠非特飢荒之時方行賑濟而已

隱六年京師來告飢公為之請糴於宋衛齊鄭禮也

莊二十八年冬飢臧孫辰告糴于齊禮也

煟曰春秋之時諸侯竊地專封然同盟之國猶有救患分災之義未嘗遏糴也今之郡縣不知本原但不容米下河出界回視春秋列國為有愧矣

國語魯饑臧文仲言於莊公曰夫為四鄰之援結諸侯之信重之以昏姻申之以盟誓固國之艱急是為鑄名器藏寶財固民之殄病是待今國病矣君盍以名器請

糴于齊於是以鬯圭玉磬如齊告糴曰不腆先君之敝器敢告滯積以救敝邑

煟曰饑荒之年古人雖鬯圭玉磬皆不敢惜猶以請糴令常平義倉本備饑荒内帑之積軍旅之外本支凶年若吝而不發誠未考古耳

僖十二年冬晉薦饑使乞糴于秦百里奚曰天災流行國家代有救災恤鄰道也行道有福秦於是輸粟于晉自雍及絳相繼命之曰汎舟之役僖十四年秦饑乞糴

于晉晉人不與僖十五年晉侯及秦伯戰于韓獲晉侯
傳云晉饑秦輸之粟秦饑晉閉之糴故秦伯伐晉
㣲曰春秋於諸侯無書獲之例而經書曰獲晉侯
貶絶之也春秋之世王道不絶如綫一閉糴而聖
人誅之本朝列聖視民如傷屢降詔旨不許諸路
遏糴坐以違制而邇來官司各專其民輒違上意
此皆講求未至耳
僖二十一年夏大旱欲焚巫尪臧文仲曰非旱備也脩

城郭賤食省用務穡勸分有無相濟此其務也
煟曰有無相濟真救荒之良法今州縣各私其民
官司各私其職莫肯通融異縣貯儲不恤鄰邑哀
哉

春秋之時鄭饑未及麥民病子皮餼國人粟戶一鍾是
以得鄭國之民故罕氏世掌國政以為上卿宋饑司城
子罕出公粟以貸使大夫皆貸司城氏貸而不書宋無
饑人晉叔向聞之曰鄭之罕宋之樂二者其皆得國乎

帽曰子皮子罕爲二國之卿固與宰天下者大相
遠不知其惠之所及者能幾而天之祐善罕氏遂
世掌國政於鄭樂氏遂有後於宋葢亦傳所謂天
災流行國家代有行道有福者理必然耶
管仲相桓公通輕重之權曰歲有凶穰故穀有貴賤民
有餘則輕之故人君斂之以輕民不足則重之故人君
散之以重使萬室之邑有萬鍾之藏千室之邑有千鍾
之藏故大賈蓄家不得豪奪吾民矣

熠曰李悝之平糶壽昌之常平其源葢祖於此今之和糶者務求小利以為功殊忘斂散所以為民之意

哀公問於有若曰年饑用不足如之何對曰盍徹乎曰二吾猶不足如之何其徹也曰百姓足君孰與不足百姓不足君孰與足

熠曰聖賢救荒大抵以寬征薄賦為先書曰民為邦本本固邦寧

葵丘之會五命曰無曲防無遏糴

煟曰趙岐注云無曲防無曲意設防禁也無遏糴無止糴不通鄰國也然必當時已有遏糴之患故齊侯因諸侯之會而預戒之

梁惠王曰寡人之於國也盡心焉耳矣河內凶則移其民於河東移其粟於河內河東凶亦然察鄰國之政無如寡人之用心者鄰國之民不加少寡人之民不加多何也孟子適以王政告之曰令狗彘食人食而不知檢塗

有餓莩而不知發人死則曰非我也歲也王無罪歲斯天下之民至焉

煟曰人君平居無事橫征暴斂不能使民養生喪死而無憾一遇水旱雖移民移粟孟子以為不知本

李悝為魏文侯作平糴之法曰糴甚貴傷民甚賤傷農若民傷則離散農傷則國貧故甚賤與甚貴其傷一也善為國者使民無傷而農益勸故大熟則上糴三而舍

一計民食終歲長四百石官糴二百石中熟糴二下熟糴一使民適足價平而止小饑則發小熟之斂中饑則發中熟之斂大饑則發大熟之斂而糶之故雖遇饑饉水旱糴不貴而民不散取有餘而補不足行之魏國國以富強

煟曰今之和糴其弊在於籍數定價且不能視上中下熟故民不樂與官為市所為患者吏胥為姦交納之際必有誅求稍不滿欲量折監賠之患紛然而起故糴買之官不得不低價滿量豪奪於民

以逃曠責是其為糴也烏得謂之和哉至於已糴之後又不能以新易陳故積而不散化為埃塵而民間之米愈少也漢食貨志曰吏良而令行故民賴其利焉誠哉是言

漢興接秦之敝諸侯並起民失業作而大饑饉米石五千人相食死者過半高祖乃令饑民就食蜀漢文帝後元六年大旱蝗弛山澤發倉庾以濟民

熠曰宣帝本始三年旱後漢章帝元年旱並免民

租税漢家救荒大抵厚下

景帝後元二年令内史郡不得食馬粟沒入縣官令徒

隸衣七緵布止馬舂為歲不登禁天下食不造歲省列

侯遣之國

熠曰謹按曲禮歲凶年穀不登君膳不祭肺馬不

食穀馳道不除祭事不縣大夫不食粱士飲酒不

樂玉藻曰年不順成君衣布搢本闗梁不租山澤

列而不賦土功不興大夫不得造車馬穀梁曰大

祲之禮君食不兼味臺謝不塗鬼神禱而不祀古人救荒之政凡可以利及於民者靡不畢舉景帝所行皆得古人救荒之遺法所以與文帝並稱為賢君歟

鼂錯曰人情一日不再食則饑終歲不製衣則寒腹饑不得食膚寒不得衣雖慈母不能保其子君安能以有其民哉明主知其然故務農桑薄賦斂廣蓄積以實倉廩備水旱故民可得而有也夫珠玉金銀饑不可食寒不可衣故明君貴五穀而賤金玉

熖曰陸贄嘗謂國家救荒所貴者財用所得者人心令錯謂腹饑不得食雖慈母不能保其子人君安能以有其民此意惟贄得之

錯建言令募天下入粟縣官得以拜爵除罪又言入粟郡縣足支一歲以上時赦勿收民租如此則德澤加於萬民若遭水旱民不困之其後上郡以西旱復脩賣爵令

熖曰國家賑濟之法非不明白五千石承節郎進

士迪功郎四千石承信郎進士補上州之學然近年州縣行之無法出粟之後所費不一故民有不願就者焉

武帝時河內失火延燒千餘家上使汲黯往視之還報曰家人失火比屋延燒不足憂臣過河南貧人傷水旱萬餘家或父子相食臣謹以便宜持節發河南倉粟以賑貧民臣請歸節伏矯制之罪上賢而釋之

煟曰古者社稷之臣其識見施為與俗吏固不同

也黷時為謁者而能矯制以活生靈今之太守號曰牧民一遇水旱牽掣顧望不敢專決視黷當內媿矣

元封元年旱上令官求雨卜式言縣官當食租衣税而已今弘羊令吏坐市列肆販物求利烹洪羊天乃雨

煟曰桑弘羊領大農作平準之法于京師令遠方之物如異時商賈所轉販者為賦盡籠天下之貨物貴則賣之賤則買之萬物不得騰踴民不益賦

而天下用饒當時議者猶欲烹之謂奪民之利傷和氣也令民利無遺矣而聚斂之臣默思弘羊可烹之語可不寒心哉

元封四年關東流民二百萬口無名數者四十萬公卿議欲徙流民於邊丞相石慶上書乞骸骨上詔報切責之

煟曰流民移徙誠當安集勞來乃欲徙之於邊固非良策顧乃切責宰相武皇救荒之行疎矣本朝

富弼青州賑救流民規畫過於漢家遠甚

武帝元鼎元年詔曰京師雖未為豐年山林池澤之饒與民共之今水潦移於江南迫隆冬至朕懼其饑寒不活可以巴蜀之粟致之江陵遣博士等分行諭告所抵無令重困吏民有賑饑民免其厄者具舉以聞

煟曰江南水潦下巴蜀之粟致之江陵其通融有無不滯於一隅與近來州縣配抑認米賑糶有間矣是時師旅宫室百役並興而憂民之心其切如

此武帝所以異於秦皇也

宣帝五鳳四年豐穰穀石至五錢耿壽昌建言令邊郡皆築倉以穀賤時增價而糴以利農穀貴時減價而糶以利民名曰常平倉民甚便之

熠曰漢之常平止立於北邊李唐之時亦不及於江淮以南本朝常平之法遍天下盖非漢唐之所能及也

元帝即位大水齊地饑民多餓死諸儒多言鹽鐵官常

平倉可罷毋與民爭利上從其議皆罷

熠曰鹽鐵可罷而常平不可罷但釐革其弊可耳

今乃遽罷之過矣元帝之失豈特優柔無斷歟

王莽時南方枯旱使民煮木為酪酪不可食重為煩擾

又令饑人掘鳬茈食之流民入關者數十萬人置養贍

院以廪之吏盜其廪饑死十七八

熠曰木豈可煮以為酪莽之規模如此其即日敗

亡也宜哉

後漢建武六年春詔曰往歲旱蝗蟲為災人用困乏其令郡國有穀者稟給永興二年詔五穀不登其令郡國種蕪菁以助人食

熠曰饑年食蕨根煮野菜拾橡子採聖米凡可以度命之計者隨所在而為之無遺法要是上之人當有以通融之使下無遏糴抑價閉糴之患斯為上也

永元五年遣使者分行三十餘郡貧民開倉賑給六年

詔流民所過郡國皆稟之永初二年遣光祿大夫樊準
呂倉分行兾兗二州廩貸流民
煟曰近歲溫台衢婺流民過淮甸者接踵于道衢
冒風雪扶老携幼狼狽者不可勝言而為政者不
聞其留意者不過張榜河渡勸抑使還豈知業已
破蕩歸無自安之路矣回視所過郡國皆稟之者
寧不愧哉
魏黃初二年冀州大蝗歲饑使尚書杜畿持節開倉廩

以賑之

五年冀州饑遣使者開倉廩賑之

六年春遣使者廵行沛郡問民間疾苦貧者賑貸之

孫權赤馬三年民饑詔遣使開倉廩賑貧者

晉武帝泰始三年青徐兖州水遣使賑恤

熠曰人主身居九重每患下情不能上達故遣使

若孫權曹操立國之初禮儀簡略故使者所過無

煩擾本朝諸路置使一有水旱而諸司悉以上聞

矣此其享國之長所以過於前代
隋文帝開皇三年置常平倉粟藏九年米藏五年下濕
之地粟藏五年米藏三年皆著于令
煟曰今之常平義倉多藏米而少藏粟故積久不
發化為埃塵非但支移之弊而已近有臣寮奏請
處立法太重而上下蔽蒙虛文為害乞令州縣各
具見在常平錢米實數與提舉司差官盤量檢點
自今日以後不許他用而盡赦其日前支移之罪

庶幾緩急之際不至有誤其說似可行也

唐太宗謂王珪曰開皇十四年大旱隋文帝不許賑給而令百姓就食山東比至末年天下儲積可供五十年煬帝恃其富饒侈心無猒卒亡天下但使倉庾之積足以備凶年其餘何用哉

熠曰畜積藏於民爲上藏於官次之積而不發者又其最次太宗咎隋文積粟起煬帝之侈心其規模宏遠不樂聚斂可知矣近世救荒有司鄙吝不

敢盡發常平之粟至於豐儲廣惠等倉又往往久
不支動化為埃塵諒未悉太宗之意
關中旱饑民多賣子以接衣食詔出御府金帛為贖之
歸其父母詔以去歲霖雨今茲旱蝗赦天下其略曰若
使百姓豐稔天下乂安移災朕身以存萬國是所願也
甘心無吝會所在有雨民大悅
煟曰王者以得民為本凡此舉動皆足以得民之
歡心太宗真至治不世出之主哉

畿內有蝗上入苑中見蝗掇數枚祝之曰民以穀為命而汝食之寧食吾之肺肝舉手欲食之左右諫曰惡物或成疾上曰朕為民受災何疾之避遂吞之是歲蝗不為災

煟曰太宗誠心愛民觀其朕為民受災何疾之避之語其愛民之心真切如此宜其一念感通蝗不能為害也

太宗置義倉常平倉以備凶荒高宗以後稍假義倉以

給他費至神龍中畧盡元宗即位復置之其後第五琦
請天下常平倉皆置庫以蓄本錢德宗時趙贊又言自
軍興常平倉廢垂三十年凶荒費散餒死相食不可勝
紀自陛下即位京城兩京置常平雖頻少雨澤米不騰
貴可推而廣之德宗納其言

煟曰常平和糴救荒實政然嘗觀憲宗即位之初
有司以歲豐熟請畿内和糴當時府縣配戶督限
有稽違則迫蹙鞭撻甚於稅賦號為和糴其實害

民令之和糴者可不鑒懲此弊乎

大歷二年秋霖損稼渭南令劉澡稱縣境苗獨不損上

曰霖雨溥博豈渭南獨無更命御史朱敖視之損三千

餘頃上嘆曰縣令字民之官不損猶應言損乃不仁如

是乎貶澡南浦尉

熠曰代宗斯言真得人君之體然令之縣令孰無

愛民之心顧惟一有荒歉縣道固難支吾矣而上

司責令賑救供報紛然費擾不一又有使者不測

巡按吏輩誅求不滿意則妄生事端由是月椿
月解愈難辦集今須上官先灼見此弊上下同心
勤恤民隱可也

貞元十四年旱民請蠲免租京兆尹韓臯慮府帑已空
奏不敢實其後事聞於上貶撫州司馬

煟曰旱傷所當賑恤儻不蠲租則催科日逼而民
必思亂其禍有不可測者韓臯之貶也宜哉

元和間南方旱饑遣使賑恤將行憲宗戒之曰朕宫中

用帛一匹皆計其數惟賑恤百姓則不計所費卿輩當
體此意

愲曰洪範云天子作民父母以為天下王謂之作
民父母當以斯民為念憲宗云惟賑恤百姓則不
計所費非惟識人君之體正與洪範父母之意合

憲宗元和七年上謂宰相曰卿輩屢言淮南去歲水旱
近有御史自彼還言不至為災李絳對曰御史欲為姦
諛以悅上意耳上曰國以人為本民間有災當急救之

豈可復疑即命速蠲其租

煟曰陸贄論江淮水旱有云流俗多徇諂諛揣所悅意則侈其言度其惡聞則小其事斯言正與李絳合

咸通十年陜民訴旱觀察使崔蕘指庭樹曰此尚有葉何旱之有杖之民怒作亂逐蕘

煟曰水旱災傷而不知以民為念其禍必至於此書曰臣為上為德為下為民若蕘者失其所以為

民之義矣安知輔上之德哉

懿宗時淮北大水征賦不能辦人人思亂及龐勛反附者六七萬人自關東至海大旱冬蔬皆盡貧者以蓬子為麵槐葉為虀乾符中大旱山東饑中官田令孜為神策中尉怙權用事督賦益急王仙芝黃巢等起天下遂亂公私困竭昭宗在鳳翔為兵所圍城中人相食父食其子天子食粥六官及宗室多饑死而唐祚遂亡

煟曰當太宗時元年饑二年蝗三年大水上憂勤

而撫之至四年而米斗四五錢觀此則知廣明之亂雖起於饑荒之餘亦上之人無憂民之念耳蓋天下非有水旱之可憂而無水旱之備者為可懼

同光三年大水兩河流徙莊宗與后畋遊是時大雪軍士寒凍宰相請出庫物以給軍后不許宰相論于延英后居屏間屬耳因取粧奩及皇子滿喜置帝前曰諸侯所貢給賜已盡宮中惟有此耳請鬻以給軍及趙在禮亂始出庫物以賚之軍士負而詬曰吾妻子已餓死得

此何為上曰適得魏王報平蜀得金銀五十萬盡給爾等曰與之太晚得之亦不感恩

煟曰嘗考周人財用之制有內府以受其藏有識内以受其用宜可以縱一人之欲然天子無私藏王后無移用者以冢宰制財用之故歲荒民乏用則或薄征或散利皆可以通融算有無天子斂其財特以為天下之用而吾身無與焉自漢人以私藏歸之少府專供上用後世因之為私有於是民

雖告病而上不知恤海内既貧而人主獨富凡内
庫所蓄欲損尺帛斗粟以及民而重如丘山盍流
弊之極有如莊宗者可不鑒哉
國朝建隆元年遣户部郎中沈倫使吳越歸奏揚泗饑
民多死郡中軍儲尚百餘萬斛可貸於民至秋復收新
粟有司沮倫曰今以軍儲賑饑民歲若荐饑恐所收取
孰任其咎帝以難倫倫曰國家以廩粟濟民自當召和
樂而致豐年豈復有水旱耶帝即命發廩貸民

爲曰聖主所爲其英謀睿斷自有出人意表者敬
觀太祖皇帝不惑羣議發軍儲以救民饑眞得通
融有無以陳易新之術
乾德元年夏四月詔諸州長吏視民田旱甚者則蠲其
租不俟報
爲曰歲之災變旱傷至易曉也歷時不雨孰不知
旱旱則命長吏上聞而蠲其租何必俟報臣見今
時州縣或遇災傷兩次差官檢覆使生民先被騷

擾之若然後量減租入之數所得幾不償所費矣

宜以乾德之詔為法

至道二年詔官倉發粟數十萬石貸京畿及内郡民為種有司言請量留以供國馬太宗曰民田無種不能盡地利且竭廩以給之國馬以芻藁可矣

煟曰廐焚子退朝曰傷人乎不問馬孟子曰廐有肥馬民有饑色野有餓莩此率獸而食人也聖人貴人賤物如此饑荒之年其忍以菽粟給馬哉

祥符中澶州上言民訴水旱二十畝以下求蠲租者所傷不多望勿受其訴真宗曰若此貧民田少者常不及矣朕以災沴蠲租正為貧民下戶豈以多少為限耶獨慮諸州不曉此意當徧戒之

煟曰自田制壞而兼并之法行貧民下戶極多而中產之家賑貸之所不及一遇水旱狼狽無策秖有流離餓莩耳今真宗以災沴蠲租正為貧民下戶此非聖謨宏遠灼見閭閻之病乎

大中祥符詔江淮發運司歲留上供米五千石以備饑
年賑濟

煟曰祖宗之時上供之米猶每歲截留以備賑濟
則常平義倉無所吝惜可知矣然則祥符之詔可
不端拜而大書手

仁宗初即位乾興元年十二月以京城穀價翔貴出常
平倉米分十四場賤糶以濟貧民慶歷元年十一月以
京城穀價湧貴發廩一百萬石減價出糶以濟貧民四

年正月詔陜西穀價翔貴其令轉運司出常平倉米減
價以濟貧民皇祐三年十二月癸巳詔曰天下常平倉
其依元糴價糶以濟貧民毋得收餘利以希恩賞
煟曰昔蘇軾論救荒大計全在廣糶常平斛斗若
乘艱食之際便行減價出糶平準在市米價則人
皆受賜亦可免流移之災此外更無長策若巡門
俵米攔街散粥終無救於饑饉其俵散之利所及
者狹不如出糶之利所及者廣也觀此則知蘇軾

所論真得祖宗之遺意但當推行村落尤為盡善盡美耳

仁宗嘗謂侍者江南歲饑貸民種糧數十萬斛且屢經倚閣而轉運督責不已民貧不能自償昨遣使安撫始以事聞不爾則民間之弊無由上達其悉蠲之

熠曰李沆為相每奏對嘗以四方水旱盜賊為言

范仲淹為江淮宣撫使見民間以蝗蟲和野菜煮食即日取以奏御乞宣示六宮非特下情當上達

亦誠相業所當為也

天禧元年四月濮州候日成上言本州富民儲蓄斛㪷不少近來不住增其價直乞差使臣與通判點檢逐戶數目量留一年之費外依祥符八年秋時每斛上收錢十五文省盡令出糶以濟貧民詔只依前後勑旨勸誘出糶餘不得行遣擾民也

愚謂富民有米本欲糶錢官司迫之愈見藏慝須當有術以出之其術謂何臣於勸分抑價篇論之

詳矣然則祖宗不從日成上言眞識大體

天聖七年閏二月詔河北轉運司各處流民其令分送唐鄧襄汝州以閒田處之並令所過日人給米二升初河北轉運司言契丹歲大饑民流過界河上謂輔臣曰雖境外之民皆是朕之赤子也可賑救之故降是詔

煟曰境外之民一遇饑歉流徙過界仁皇尚且賑救之聖度廣大如此況同路同郡之民爲守令者其可不加意乎

天聖七年六月河北大水壞澶州浮橋七月命三司刑部郎中鍾離瑾為河北安撫使仍詔瑾所至發官廪以賑貧乏其被溺之家見存三口者給錢二千不及者半之溺死而不能收斂者官為瘞埋已檢放稅外聽近輸官權停州縣配率其經水倉庫營壁亟脩全之卑下者徙高阜處水損官物先為給遣坊監亡失官馬者更不加罪止令根究所部官吏貪暴不能存恤者奏劾之見繫獄囚委長吏從輕決遣其備邊事機民間疾苦悉具

經畫以聞

熠曰祖宗救災非特旱傷禱祈蠲減而已凡大水卒然而至漂蕩民廬浸濕官廩其賑恤經畫之方尤為詳悉真可端拜為矜式也

慶歷四年二月遣内侍賫奉宸庫銀三萬兩下陝西博糴穀麥以濟饑民

熠曰水旱先發常平賑糶義倉賑濟度其不足則預覓度牒借内庫錢於豐熟去處循環糶糴以濟

饑民祖宗未嘗吝惜令為守令者不知典故惟以等第科抑使出米賑糶不知饑荒之年中產之家自不給足安能有餘賑糶哉

慶歷七年以旱避正殿詔中外臣寮指陳當世切務又下詔曰咎自朕致民實何愆與其降咎於人不若降災於朕辛丑祈雨炎日却蓋不御是歲江東大饑運使楊紘發義倉以賑之吏欲取旨紘謂吏曰國家置義倉本慮凶歲令須旨而發人將殍死上聞乃褒之

熠曰楊逸為光州刺史荒歉連歲以倉粟賑給有司難之逸曰國以人為本人以食為天以此獲戾乃所甘心韓韶為嬴長他縣流民入界韶聞之乃開倉賑救主藏者爭之韶曰長活溝壑之民以此獲罪又何歎祖宗每遇水旱憂懼如此令紘不俟取旨而發義倉誠得二子之用心

仁宗每見天下有奏災傷州郡必加存恤嘉祐中河北蝗澇時霸州文水縣不依編勅告示災傷百姓狀訴及

本州不以時差官檢視轉運以為言上曰朝廷之政寄
於郡縣郡縣之政寄於守令守宰之官最為親民民無
災傷尚當存恤況有災傷而不為管理豈有心於恤民
乎主簿趙師錫罰銅九斤司户晁舜之録事參軍周約
判官馮泌各罰銅八斤通判王嘉錫罰銅七斤知縣雷
守臣衝替上謂左右曰所以必行罰者欲使天下官吏
知朝廷恤民之意

煟曰祖宗之時州縣災傷不時差官檢踏雖主簿

司户至微之官姓名亦徹于上至勞聖斷責罰可
見下情無壅聖主留意饑民如是也
熙寧間上以久旱憂見容色每輔臣進見未嘗不嗟嘆
懇惻盡罷保甲方田等事以謂地力亦荒政急務宜即
施行王安石曰水旱常數堯湯所不免陛下即位以來
累年豐稔今之旱暵但當益脩人事以應天災不足貽
聖慮上曰此豈細事朕今所以恐懼者正為人事有所
未脩也於是中書條奏請蠲減賑恤

熠曰神宗皇帝每遇水旱憂見容色至云此豈小事聖主憂民誠篤如此社稷安得不久長哉

熙寧間京師久旱下求直言之詔其略曰朕之聽納有不得於理歟獄訟非其情歟賦斂失其節歟忠謀讜言鬱於上聞而阿諛壅蔽以成其私者衆歟詔出人情大悅是日乃雨

熠曰謹按是時韓維知制誥京師旱上曰天久不雨朕夙夜焦勞奈何維曰陛下憂閔災傷損膳避

殿此乃舉行故事恐不足以應天變書曰惟先格
王正厥事近日畿内諸縣督索青苗錢甚急往往
鞭撻取足至代桑為薪以易錢貨旱傷之際重羅
此苦願陛下發自英斷過而養人不猶愈於過而
殺人也神宗感悟遂下詔
熙寧七年正月河陽災傷常平倉賑濟斛斗不足乞更
發省倉詔賜常平穀萬石興脩水利以賑濟饑民六月
詔常平倉司衛州封椿糧四萬九千餘石貸共城獲嘉

等三縣中等闕食戶

煟曰以常平穀萬石興修水利以濟饑民此以工役救荒者也凶年饑歲上戶力厚可以無饑下戶賑濟粗可以免飢惟中等之戶力既不逮賑又不及最為狼狽令以數萬石貸中等戶國朝救荒允愜人情如此

熙寧八年正月詔曰方農作時雨雪頗足流民所在令州縣曉諭丁壯各願歸鄉者並聽保結經所屬給糧每

程人給米豆一升幼者半之婦女準此州縣毋輒强逐

煟曰近年江浙流移之民過淮上者接踵于道暨

至失所悔恨欲歸無策憂愁而死者不可勝數然

則熙寧之詔州縣宜傚之以為法

熙寧八年三月上批沂州淮陽軍災傷特甚百姓不唯

闕食農之穀種田事殆廢粒食絕望糾集為盜者多實

可矜閔若不優加賑恤恐轉至連結羣黨難以擒捕陷

溺其良民投之死地可速議所以賑恤之遂詔京東路

轉運提舉司發常平錢省倉米等給散孤貧户聽差待

闕得替官就村依乞人例賑濟道殣無主官為收瘗之

熠曰凶年饑歲細民得錢亦可糴置他物以充饑

賜神宗詔發常平錢幷省倉米等第給散蓋慮米

不給足而繼之以錢真得救荒之活法然國家所

失者財用而所得者人心陸贄之言惟神宗得之

政和七年九月手詔州縣遏糴以私境内殊失恵養元

元之意自令有犯必罰無赦

熠曰嘉祐四年詔諸路運司凡鄰路災傷而輒閉糴者以違制坐之至此復有是詔非州縣不能奉行蓋俗吏識見淺狹者多也

建炎二年七月十九日御批大水飛蝗為害最重之處仰百姓自陳州縣監司次第保明奏聞量輕重與免租稅

熠曰水旱檢放止免田租而已今御批欲與免稅政合唐人免調之意高宗真中興聖主哉

紹興中福建帥臣奏乞措置拯濟事高宗曰拯濟爲貧民近世拯濟止及城郭市井之内而鄉村之遠者未嘗及之須令措置州下縣縣下之鄉雖幽僻去處亦分委官屬必躬必親則貧民霑實惠矣

煟曰賑濟當及鄉村嘗於義倉論之詳矣然嘗聞蜀道寇作臨汝侯嘲羅研曰鄉蜀人何樂禍如此研曰蜀中百家爲材有食者不過數家貧迫之人十常八九束縛之吏十有二三各令有五母鷄一

母兪牀上有百錢甑中有數升麥飯雖蘇張巧說

於前韓白按劍於後將不能一夫為盜蓋賑濟不

及村落其弊如此高宗論拯濟謂幽僻去處亦分

委官屬必躬必親所謂不出户庭而周知天下者

歟

紹興間户部尚書韓仲通乞以上供之米所餘之數歲

樁一百萬石别廩貯之遇水旱則助軍糧及減收糴號

豐儲倉詔從之上曰所儲遇水旱誠為有補非細事也

熠曰豐儲乃上供所餘本備水旱助軍食耳後之
經國用者倘遇水旱可不明立倉之本意哉

紹興二十八年平江紹興湖秀諸處被水欲除下户積欠宰執擬令户部具有無損歲計上曰止令具數便於内庫撥還朕平時無妄費所積本欲備水旱爾本是民間錢却為民間用復何所惜

熠曰王者以天下為家不以私藏為意也高宗撥内庫錢除被水下户之積欠且曰本是民間錢却

為民間用復何所惜真王者之度歟

紹興戊寅戶部侍郎趙令衿請將州縣義倉陳米出糶

右僕射沈該等言義倉米在法不應糶糶恐失預備上

曰逐郡自有米數若量糶十之三擡其價次年復糶亦

何所損

煟曰義倉本民間所寄在法不當糶錢但太陳腐

則不可食高宗令擡其價次年復糶與令之糶錢

移用者有間矣

紹興間詔義倉之設所以備凶荒水旱又曰祖宗義倉以待水旱最為良法州縣奉行不虔寖失本意或遇水旱何以賑救可令監司檢視實數補還侵失

煟曰屢言義倉本民間以義掊率寄之於官凶荒水旱直以還民不宜認為己物吝而不發也高宗詔義倉之設所以備凶荒水旱又令檢視實數補還侵失大哉王言矣

孝宗乾道御筆有今春閩中艱食朕甚念之向時諸處

賑濟多止及於城郭而不及鄉村甚為未均卿等一一
奏來

煟曰韓愈詩云前年關中旱閭井多死饑我欲進短策無由到丹墀聶夷中亦云我願君王心化作光明燭不照羅綺筵只照逃亡屋蓋傷上之人不恤下也今孝宗慮賑濟未均不及村落令卿等一一奏來豈有下情之不上達哉

乾道七年饒州旱傷措畫賑濟米本州義倉八萬餘石

又撥附近州縣義倉五萬石并截留在州樁管上供米三萬石及獻助米二千石并立賞格勸諭上戶出米措置賑糶知饒州王秬劄子借會子五萬貫接續收糴米麥之類得旨依江州旱傷亦措置撥本州義倉米四千餘石又截上供米六千五百餘石勸誘到上戶認糶米二萬八千六百餘石截留贛州起到一萬石賑糶本錢四萬餘貫作本收糴米斛又撥本路常平米十萬石吉筠等州見起赴建康府米八萬餘石樁管米六萬七千

餘石

熠曰救饑截留本州樁管上供及借會子收糴米麥賑糶皆所當行然非主聖則事多齟齬孝宗以天下生靈為心略無難色然則萬世人主宜以為法也

乾道九年詔江淮閩浙或薦告饑意者水利不修失所以為旱備朕將即官吏勤惰行殿最各殫厥心毋蹈後悔

煟曰水利凡農民之與稅戶自知留心不待上之人加勸而後始興也但農夫每患貧而無力稅戶雖助之然工用終不堅實古人春省耕而補不足意者亦留意於斯歟

淳熙令課利場務經災傷者各隨夏秋限依所放分數於祖額除豁

煟曰當歎歲民窮於財而百事減省課利場務安得如舊臣竊觀本朝熙寧八年災傷最甚放苗米

一百三十萬石而酒課虧減亦六七十萬餘貫此
可概見自高宗中興之後陳亨伯等議立經總制窠
名而大抵多出酒稅茶鹽與夫稅賦之所入自紹
興三十年臣寮建請始為定額行下諸路提刑司
每歲如數拘催不管拖欠其發納有限其趲辦有
賞其違欠有罰自立額之後至凶年饑歲而有司
督辦益峻而民始以為病矣孝宗著入令中而州
縣雖遇災傷不聞舉行蓋皆由不知本末源流也

淳熙九年兩諭指揮諸路官司不許遏糴多出文榜曉諭如敢違戾令總司覺察申奏

熠曰本朝列聖一有水旱皆避内殿減膳徹樂或出宫人理寃獄此皆得古聖人用心孝宗尤切惓惓焉宜其享國長久恩德在人雖千百世而未艾也

救荒活民書卷上

欽定四庫全書

救荒活民書卷中

宋 董煟 撰

救荒之法不一而大致有五常平以賑糶義倉以賑濟不足則勸分於有力之家又遏糴有禁抑價有禁能行五者則亦庶乎其可矣至於檢旱也減租也貸種也遣使也弛禁也鬻爵也度僧也優農也治盜也捕蝗也和糴也存恤流民勸種二麥通融有無借貸內庫之類又

在隨宜而施行焉

常平

熠曰常平之法專為凶荒賑糶穀賤則增價而糴使不害農穀貴則減價而糶使不病民謂之常平者此也比年州縣窘匱往往率多移用差官覈實亦不過文具而已自乾道間給降會子一百萬道充起諸路常平錢一百萬貫而郡縣遂多侵用義倉後雖許用會子措置和糴其間未免抑配當時

甚患之然則平糴之法遂不可行乎曰不然臣前於李悝後於和糴篇論之詳矣但官司糴時不可籍數定價須視歲上中下熟一依民間實直寧每升高於時價一二文以誘其來何患人之不競售哉蓋官司措置惟欲救民之病財用非所較若以私家理財規式處之則失所以為常平之意矣

一常平法本無歲不糴無歲不糶上熟糴三而舍一中熟糴二下熟糴一此無歲不糴也小饑則發小

熟之歛中饑則發中熟之歛大饑則發大熟之歛
此無歲不糴也近來熟無所糴飢無所糴其間有
司之吝閉為埃塵良可嘆息

一常平錢物不許移用不知他費不許移用至於救
荒正所當用若必待報則事無及矣今遇旱傷去
處州縣仰一面計度用常平錢於豐熟處循環收
糴以濟饑民俟結局日以糴本撥還常平可也

一常平賑糶其弊在於不能遍及鄉村令委隅官里

正監視類多文具無實惠及民宜倣富弼青州監散米豆之法變通而行之但水脚之費般運之折無所從出故縣不敢請于州村不敢請于縣不知饑荒之年人患無米不患無錢每升增於官中所定之價一文以充上件縻費則自無折閱之慮矣何患賑糶之米不能遍及村落哉但當逐保給歷零賣以防近上戶人頻買輿販之弊

一紹興庚午高宗皇帝謂執政曰國家常平以待水

旱宜令有司以陳易新不得侵用若臨時貸於積穀之家徒為文具無實效也

一昔蘇軾奏臣在浙中二年親行荒政只用出糶常平米一事更不施行餘策若欲抄劄貧民不惟所費浩大有出無收而此聲一布貧民雲集盜賊疾疫客主俱斃惟有依此條將常平斛㪶出糶即官司簡便不勞抄劄勘會給納煩費但得數萬石斛㪷在市自無壓下物價境内百姓人人受賜古今

之法莫良於此臣謂蘇軾之法止及於城市若使縣鎮通行方為良法也况賑濟自有義倉並行不悖此又為政者所當知

一或謂減價出糶官廩以壓物價固善矣然饑荒之年常平無米則如之何臣曰不然元祐元年四月左司諫王巖叟言訪聞淮南旱甚物價湧貴本路監司殊不留意詔發運司截留上供米一十萬石比市價量減出糶與闕米人戶每戶不得過三石

其糶到錢起發上京又何患於無米即此例前賢行之甚多茲不再舉

義倉

煟曰義倉民間儲蓄以備水旱者也一遇凶歉直當給以還民豈可吝而不發發而遽有德色哉謹按隋開皇五年長孫平建言諸州立社倉於當社委社司執帳檢校每年收積遇歲不熟則均給之唐貞觀初尚書左丞戴胄上言隋開皇置天下社

倉終文皇得無饑太宗曰為百姓先作儲貯以備
凶年亦非橫斂宜下有司具為令王公以下墾田
畝稅六升天寶八年天下義倉無慮六千三百七
十萬餘石長慶大中以來約束既嚴貯貸不絕至
于五代因之以饑饉加之以戰伐而義倉不得不
廢矣慶歷間王其上言以為舊事久廢當酌輕法
以行之如唐田畝之稅其貴太重永徽中別頒新
格自上戶以降出粟又且不均方今之宜莫若第

五等以上於夏秋正税之外每二㪷納一升隨常賦以入各於州邑擇其便地别置倉以備之領於本路轉運司令天下大率取一中郡計之夏秋正税粟麦之屬且以十萬石為率則義倉未一中郡歳得五千石矣若大官斗收一升則又倍之計天下所入之多寡使仍歳豐熟捐有餘補不足實天下之利上於是詔天下立義倉然今之州縣因仍既久忘其所以為斯民所寄之物矣

一義倉合於民間散貯遠都擇人掌之如社倉之法今輸于州縣非也蓋憔悴之民多在鄉村於城郭頗少諸儲州軍多時義倉米隨冬苗輸納州倉一有饑饉人民難以委棄廬舍遠赴州郡請求今欲每遇凶歉之年相度諸縣饑之大小撥還義倉米斛其水脚之需亦於米内量地里遠近消赴縣之於鄉亦然如此則山谷之民皆蒙其惠不猶愈於閑為埃塵耗於雀鼠仍使斯民饑而死乎

一撿准令文州縣鎮寨歲於十月初差官抄撿內外老疾貧乏不能自存之人十一月起支後到者聽支每人日支一升七歲以下減半每五日一次併支至次年正月終止遇閏及本土收成早晚者官司相度給散時月日通給百五十日止令江浙水田種麥不廣冬閒民未困乏其困乏之多在青黃未接之時此為政者所宜究也

一熙寧初陳留知縣蘇涓言臣領畿邑請為文下倡戶五等自二石四㪷出粟有差每社有倉各置守

者耆為輸納官為籍記歲凶則出以賑民藏之久則又為立法使新陳相登即詔行之既而王安石沮之遂不果行石介著書亦謂隋唐義倉最便若每村立一倉委有年德主之遇饑饉量口以給則民不乏之矣此法向來福建亦行之但使民間再自出米不若即義倉行之之為善

紹聖著令諸縣義倉米㪷收五合即元豐舊法也大觀初乃令增㪷收一升以備賑荒至今行之然

義倉米不留諸鄉而入縣倉悉爲官吏移用始也縣倉於民猶近迨後上三等戶皆令輸郡則義米帶入郡倉轉充軍食或充頒費豈復還民故遇凶年無以救民之死今若以常歲所取義米令諸鄉各建倉貯之縣籍其數主以有年德之輩遇饑饉還以賑民且不勞遠致推行諸鄉即民被實惠豈不勝於科抑賑糶之策乎

一慶元六年六月臣寮劄子言常平義倉國家專恃

以待賑救據諸路提舉司申户部數目常平錢七十餘萬緡義倉錢五十餘萬緡二司之米各幾二百萬石緣提舉主管略不經意徒存虛名二司遂爲虛設臣謂常平有糴本固當有錢義倉五十餘萬緡則誠非令典也攘民所寄之物而私用糴錢廷臣方且昌言而不怪習俗之移人如此

一賑濟之弊如麻抄劄之時里正乞覓强梁者得之善弱者不得也附近者得之遠僻者不得也胥吏

里正之所厚者得之鰥寡孤獨疾病無告者未必得也賑或已是深冬官司疑之又令覆實使饑民自備餱糧數赴點集空手而歸困踏於風霜凛冽之時甚非古人視民如傷之意令縣令宜每鄉委請一土戶平時信義為鄉里推服官員一名為提督賑濟官令其總之擇一二有聲譽行止公幹之人為監視每月送朱墨點心錢縣道委令監里正分團抄劄不許邀阻乞覓如有乞覓可徑於提督

官投狀申縣斷治如更抑遏可自於本縣或佐官
廳陳訴當痛懲一二以勵其餘其發米賑糶亦如
之若此則庶乎少革耳
一賑濟所以救饑民者多以支米爲便不如支米最
爲重費弊倖又多不係沿流及產米去處般運極
爲費力往往夫脚與米價相等更有在路減竊拌
和之弊若是大荒年分穀米絕無民間艱食不容
不措置移運米斛若不是十分荒歉米斛流通物

價不湧不如支錢最省便更無偽濫之弊小民將錢最以抽贖典遇斛斗或是一㪷米錢可買二㪷雜斛以三二升拌和菜茄煮以為食則是二㪷之糶斛可供一家五七口數日之費然恐官於支錢所委不得其人亦有減尅之弊不若錢米兼支實為兩利

勸分

煟曰民戶有米得價糶錢何待官司之勸只緣官

司以戶等高下一例科配且不身到場檢點故人戶憂恐藉以為名閉糴深藏以備不測其往還道路與無歷頭之人反無告糴之所推原其弊皆緣吏無策但欲認求之足數假勸分之美名欺罔上司以圖觀美不知適以病民也臣居村落日覩其弊謂上戶固所當勸自餘中下之家不必勸所謂上戶者田畝之跨連阡陌蓄積之紅腐相因然今之鄉落所謂上戶者亦不多矣中下之戶凶荒之

餘所入未能供所出安能有餘以賑糶哉人之常
情勸之出米則愈不出惟以不勸勸之則其米自
出臣謂今莫若勸誘上户及富商巨賈俾之出錢
官差牙吏於豐熟去處販米豆各歸鄉里以濟小
民結局日以本錢還之村落無巨賈處許十餘家
率錢共販或鄉人不願以錢輸官而願自糶販者
聽官不抑價利之所在自然樂趍富室亦恐後時
爭先發廩則米不期而自出矣此勸分之要術更

宜斟酌而行之若山路不通舟楫處又有抄劄賑給就食散錢之法初非執一

一吳遵路知通州時淮甸災傷民多流轉惟遵路勸誘富豪之家得錢萬貫遣牙吏二十六次和糴海船往蘇秀收糴米豆歸本處依元價出糶使通州災傷之地常與蘇秀米價不殊當時范仲淹乞宣付史館誠以饑荒之年人既闕米官復以認米責之則其勢頗逆惟俾之出錢各自運來其策為最

一天下有有田而富之民有無田而富之民有田而富者每歲輸官同藉苗利一遇饑饉自能出其餘以濟佃客至於無田而富者平時射利淩漁百姓緩急之際可不出力斡旋以救饑民爲異時根本之地哉漢家重困商賈蓋爲此耳今饑饉之年勸誘此曹使出錢糴販初非重困又况救荒乃暫時之役彼亦安得而辭

一淳熙間臣寮上言州縣荒政所謂勸分者蓋以豪

家富室儲積既多因而勸之賑發以惠窮民以濟鄉里此亦所當然臣訪聞去歲州縣勸諭賑糶乃有不問有無只以戶等高下科定數目俾之出備賑糶於是吏乘為姦多少任情至有人戶名係上等家實貧窘至鬻田糶米以應期限而豪民得以計免者其餘乗日中之急濟其姦利緣此多受其害臣竊見朝廷重立賞格勸諭糶賑已是詳備所有用等則科糶理宜禁止臣愚欲望睿旨下諸路

漕臣嚴戒所部如有依前用等則科糴即許按法

仍許人户越訴重作施行尋得旨上行勸諭毋得

科抑則聖意誠知科抑之弊擾民矣

一凶年糶粟以活百姓可謂惠而不費況所及者皆

鄉曲鄰里可以結恩惠可以積陰德可以感召和

氣而馴致豐稔可以使盜賊不作而長保富贍其

於大姓亦有補矣倘使小民轉死溝壑流移他所

大姓占田何暇自耕土地荒蕪必有所損況又有

甚於此者乎止緣閭有小民謂官司抑配我所當得不知感謝却使大姓有怠於勸分之意此為縣令者所宜知而以此意曉諭可也

禁遏糴

熠曰嘉祐四年諫官吳及言春秋之時諸侯相傾竊地專封固不以天下生靈為憂然同盟之國有救患分災之義秦饑晉閉之糴而春秋誅之聖朝恩施動植視民如傷然州郡之閒官司各專其民

擅造閉糴之令一路饑則鄰路為之閉糴一郡饑則鄰郡為之閉糴夫以上所宜同國休戚而宣布主恩坐視流離又甚於春秋之時豈聖朝所以子育兆民之意者故丁丑詔諸路轉運司凡鄰郡災傷而輒閉糴者以違制坐之

一或者謂遏糴固非美名然聽他處之人恣行般運不加禁止本州本縣自至艱難臣曰此見識狹陋之論也天下一家饑荒亦有路分令鄰郡以吾境

内豐稔而來告糴義所當恤此宜物色上流豐熟去處勸誘大姓或本州發錢差人轉糴循環糶販非惟可活吾境内之民又且可活鄰郡鄰路之饑民尚何艱糴之有脫使此間之米不許出吾界他處之米亦不許入吾界一有饑饉環視壁立無告糴之所則饑民必起而作亂以延旦夕之命此禍亂之尤速者也淳熙八年八月勅令歲間有旱傷州縣全籍鄰境或旁近豐熟去處通放客販米斛

已降指揮不得遏糴訪聞上流得熟州郡尚不能
體認朝廷均一愛民之意輒將客販米斛邀阻禁
遏聖旨劄付諸路帥漕司各檢坐條法徧行所部
州軍恪意奉行如敢違戾仰逐司覺察按劾尚或
容蔽委御史臺彈奏小民聞官司有牓禁遏每遇
外人糴米則數十為羣脅持取錢毆人傷損村民
亦不敢擔米入市民間遂致闕食其令下訴起類
如此

一檢會編勅諸興販斛㪷雖遇災傷官司不得禁止又條法興販斛㪷及以柴炭草木博糴糧食者並免納脚力稅錢注云舊收稅處依舊即災傷地分雖有舊例亦免覷此則知條勅不許遏糴明矣

不抑價

煟曰常平令文諸糶糴不得抑勒謂之不得抑勒則米價隨時低昂官司不得禁抑可知也比年為政者不明立法之意謂民間無錢須當籍定其價

不知官抑其價則客米不來若他處騰湧而此間之價獨低則誰肯興販興販不至則境内之食上戶之民有蓄積者愈不敢出矣饑民手持其錢終日皇皇無告糴之所其不肯甘心就死者必起而為亂人情易於扇揺此莫大之患何者饑荒之年人雖賣妻鬻産以延旦夕之命亦所不顧若客販不來上戶閉糴有饑死而已耳有刼掠而已耳可不思所以救之哉惟不抑價非惟舟車輻湊而上

戶亦恐後時爭先發廩而米價亦自低矣

一昔范仲淹知杭二浙阻饑穀價方湧斛計百二十

餘文仲淹增至百八十衆不知所爲仍多出榜文

具述杭饑及米價所增之數於是商賈聞之晨夕

爭先惟恐後且虞後者繼來米既輻湊價亦隨減

包拯知廬州亦不限米價而賈至益多不日米賤

此皆前賢已行之明驗

一臣在村落嘗見蓄積之家不肯糶米與土居百姓

而外縣牙人在鄉村收糴其數頗多既是鄰邑救荒官司自不敢輒加禁遏止縁上司指揮不得妄增米價本欲少抑兼并存恤細民不知四境之外米價差高小民欲增錢糴於上户輒為小人脅持獨牙儈乃平立文字私加錢於糴主謂之暗點人之趨利如水就下是以牙儈可糴而土民闕食令若不抑其價彼將由近而及遠矣安恐專糴於外邑人哉

紹興五年行在斗米千錢時留守參政孟庾戶部
尚書章誼亦不抑價大出陳廩每升糶二十五文
僅得時價四之一既於小民大有所濟次年米賤
令諸路以上供錢收糴復多贏餘況村落騰湧極
不過三兩日民若食新則價自定矣

檢旱

煟曰災傷水旱而告之官豈民間之得已令之守
令專辦財賦貪豐熟之美名諱聞荒歉之事不受

災傷之狀責令里正伏熟為里正者亦慮委官經過所費不一故妄行供認以免目前陪費不慮他日流離餓莩刼奪之禍良可嘆也

一在法陳訴旱傷之限至八日終止訴在限外不得受理昨來臣寮奏請晚禾咸熟乃在八月之後令旱有淺深得雨之處有早晚之不同乞寬期限得旨展半月臣寮申請乞以指揮到縣日為始

一淳熙元年孝宗御劄委帥臣監司令從實檢放不

得信憑保正伏熟時憲司揭榜許人戶經本州陳狀別差官檢放時已十一月矣及帳目到戶部戶部以令文至八月終止出限者不合受理皆不為除放而人戶恃憲司榜示不肯輸納鞭撻過多反為民害

一元祐元年諫議大夫孫覺言諸路災傷各以實言不實者坐之災傷雖小而言涉過當者不問令民間縱有被訴災傷縣道往往多不受理間有受理

去處又不及時差官檢踏比至秋成田間所有雖曰無幾其服田之家只得隨多少收割以就耕墾官司惟見民間收割已畢便指作十分豐熟不容檢收是時開場受納遂即舉催全苗貧民下戶欲訴則田無可驗之禾欲納則家無見儲之粟於是始伐桑柘鬻田產流離轉徙棄墳墓而之四方矣

減租

煟曰謹按唐人水旱損四則免租損六則免調損

七則租庸調俱免今之夏稅則唐人之調絹也役
錢則庸直也今州縣水旱十分去處而夏稅役錢
未有減免之文至於檢放止及田租耳猶切爲勺
合之是計全未識古人用其一緩其二之意臣切
讀畢仲衍元豐備對錄記熙寧全盛時天下兩稅
錢五百五十餘萬緡頃年戶部侍郎劉邦翰上奏
天下經總制錢歲額二千萬緡而實到者亦千萬
緡夫斯錢者唐人除陌之類而其數乃倍於承平

時正賦且又東南之一隅民困極矣脱遇水旱是可不為寒心而思所以寛恤之哉

貸種

熠曰貸種固所以恵民然不必責其償也人情易於貸而難於償征催不集必有勾追鞭撻之患青苗之法可見矣仁宗朝江南歳饑貸民種糧十萬斛屢經倚閣而官司督責不已貧民不能自償上憐而蠲之周世宗亦謂淮南饑當以之貸民或曰

民貧恐不能償世宗曰安有子倒垂而父不為之解者安在責其必償也今之議貸種糧者當識此意名之曰貸防其濫請之弊耳其所可憂者抄劄之際利未之及而擾先之若措置施行之得人此等皆不足為慮

恤農

熠曰耕而食者農民也不耕而食者游手浮食之民也自來官司之賑給常先市井之游手與鄉落

之浮食而緩於農民耕夫且農家寒耕熱耘以供衆人之食及其饑也不耕者得食而耕者反不得食不免採掘蕨根野葛以充饑腸豈不甚可憐哉臣謂令行抄劄之時自立家為甲遞相保委同其罪罰曰某人為游手某人為工某人為商某人為農而官之賑給以農為先浮食者次之此誘民務本之一術也

遣使

熠曰古人救荒或遣使開倉遣使賑恤遣使循行周詢民間疾苦然法令尚簡故所過無擾比來諸道置使民間利害悉以上聞安有水旱之不知其所缺者在於賑濟無術類多虛文耳今但責監司郡縣推救荒之實政則民受其惠不然民方饑餓官方窘匱而王人之來所至煩擾未必實惠及民而先被其擾者多矣神宗時司馬光曰令朝廷每一事不委之將帥監司守宰使自爲方略責以成

敎而施刑賞常好遣使者銜命奔走旁午於道徒有煩擾之弊而於事未必有益不若勿遣之為愈也

弛禁

煟曰古人澤梁無禁關市譏而不征今山林河泊各有所主又民心不醇一聞榜示因而砍伐墳林大起爭競則弛澤梁之禁已為難行惟有場務邀阻米船此當禁約耳然比年場務課額稍重多藉

舟車雖令文米麥不許收税而場務别為名色號
曰公使錢多端邀阻雖累降旨揮諸處場務不得
将客米船違法收税庶幾商賈興販然終未能革
臣謂為監司太守莫若每遇凶荒去處相度饑年
大小奏之朝廷乞權減場務課額一月或半月如
此則少寛煎逼之弊自然不敢重困米船亦古人
凶年弛禁之意況淳熙令課利場務經災傷者各
隨夏秋限依所放分數於租額除

鬻爵

煟曰名器固不可濫然饑荒之年假此以活百姓之命權以濟事又何患為謹按乾道七年八月勑節文湖南江南旱傷委州縣守令勸誘有米斛富室上户如有賑濟饑民令來立定格目補授名次令具下項

無官人一千五百石補進義校尉願補不理選限將仕郎聽

二千石進武校尉如係進士與免文解一次如不係進士候到部與免短使一次

四千石補承信郎如係進士與補上州文學

五千石

承節郎（如進士補迪功郎）文臣一千石減二年磨勘（係選人循一資）二千石減三年磨勘（係選人循一資）仍與占射差遣一次三千石轉一官（係選人循兩資）仍占射差遣一次五千石以上（取旨優異推恩）武臣一千石減二年磨勘陞一年名次二千石減三年磨勘占射差遣一次二千石補轉一官占射差遣一次五千石以上（取旨優異推恩）勘會旱傷州縣勸誘積粟之家賑濟係崇尚風誼即與進納事體不同三省同奉聖旨依擬定令帥臣

監司將勸誘到米斛依數著實置吏拘收委官賑濟務令實惠及民仍開具出米人姓名并米數保明申取朝廷指揮依人米立定賞格推恩出給付身其賑糶之家依此減放推賞如有不實官吏重作施行臣謂民間納米而即得官誰不樂為止緣入米之後所費倍多未能遽得故多疑畏今上下若能懲革此弊先給空名告身付之則救荒不患無米矣或謂大將軍告身才易一醉其弊若何不

知鳳翔軍與用之無節令只饑荒地分數月計耳就豐熟即已之何濫之有

度僧

熠曰度牒換米葢亦一時權宜所當行議者咸謂度牒廣行人丁喪失不知今日游民甚多而所謂童行者不可數計令日度牒一本度一人為僧而活有十人之命何憚而不為然平時所以不輕出者政為緩急之舉也淳熙九年勅勘會已降指揮

令廣東福建師臣曉諭願為僧道之人每名備米三百石請換度牒一道續降指揮給到空名度牒一百道付紹興府每道許人户以米三百石請换慮恐米數稍多聖旨每道特與減五十石餘依已降指揮令乞依徽孝宗之法施行然須州郡相度申請可也

治盜

熠曰凶年饑歲民之不肯就死亡者必起而為盜

以延旦夕之命儻不禁戢則嘯聚猖獗其患有不
可勝言者臣嘗聞乾道間饒郡大饑諸處嘯聚開
廪刼奪者紛然時通守柴瑾封緘付諸縣曰敢為
渠魁者斬之羣盜望風遯匿淳熙十五年德興饑
荒民有剽掠道路者縣令曹棐廉得二人鎻項號
令於地頭日給米一升俟來年麥熟日放盜賊由
是衰止紹興四年樂平饑村民攜錢市米山路遇
亡命縛而取之邑宰楊簡曰此曹斷刺則復為盜

配去則復逃歸斷一足筋傳都示衆一境肅然此
雖一時之政然深合周公荒政除盜賊之意

捕蝗

熠曰太宗吞蝗姚崇捕蝗或者譏其以人勝天臣
曰不然天災非一有可以用力者有不可以用力
者凡水與霜非人力所為姑得任之至於旱傷則
有車戽之利蝗蝻則有捕瘞之法凡可以用力者
豈可坐視而不救耶為守宰者當激勸斯民使自

為方略以禦之可也吳遵路知蝗不食豆苗且慮其遺種為患故廣收豌豆教民種食非惟蝗虫不食次年三四月間民大獲其利古人處事其周悉如此臣謹按熙寧八年八月詔有蝗蝻處委縣令佐躬親打撲如地里廣濶分差通判職官監司提舉仍募人得蝻五升或蝗一㪷給細色谷一斗蝗種一升給麤色穀二升給價錢者作中等實直仍委官燒瘞監司差官覆按以聞即因穿掘打撲損

畝種者除其税仍計價官給地主錢數毋過一頃則本朝之法尤為詳悉

和糴

煟曰嘗論和糴之弊在於籍數定價不能因歲上中下熟須一依民間實直寧每升高於時價一二文以誘其來或難臣以此說不可行蓋今民間無錢若官司和糴增長米價則小民日下之患大為不便臣曰不然和糴本穀賤傷農增價以稱提之

耳若此處不熟米價騰湧又何於此而糴哉古人
和糴皆行於豐熟去處其間止緣官司識見淺陋
巳得小利為巳功糴買之官低價滿量以備交納
之折交量之所飛斛弄㪷以為乞索之端上下誅
求遂致失時艱於及數將來計無所出必有配抑
之患今誠能及時收之多寡相時水脚之費交量
之弊抑價之說一切盡革又何患焉然臣之所深
慮者在於官司知糴而不知糶夫積而不散非惟

化為埃塵虧折常平糶本而民間之米由是愈少矣此為政者所當致思然饑荒之年非獨收糶粳米而已凡粟豆蕎麥之類苟可以救民命者亦何所擇

存恤流民

煟曰流民如水之流治其源則易為力遏其末則難為功若本處地分賦斂稍寬自然安土重遷誰肯移徙凡所以離鄉井去親戚棄墳墓皆非其所

得已也臣親見浙人流移過淮甸者始焉扶老攜幼接踵于道或轉死於溝壑者多矣然本處不可存活而抑之使不得動於理固逆至於一動之後中途官司禁遏抑勒使之復回此又非所宜也臣謂令未流者固宜賑救已流者莫若令所過州縣多方存恤推行富弼之法以濟之然富弼之法人罕得其詳臣今編錄于末卷

勸種二麥

煟曰春秋於他不書惟無麥即書仲舒建議令民廣種宿麥無令後時蓋二麥於新陳未接之時最為得力不可不廣也按四時纂要及諸家種藝之書八月三卯日種麥十倍全收令民非不知種但貧而無力故後時耳古人春省耕而補不足秋省斂而助不給令為政者於饑之年能捐帑廩推行補助之法此非徒救荒亦因寓務農重本之意

通融有無

煟曰通融有無真救荒活法然而其法有公有私何謂公曰支撥官廩借兌內庫如假軍儲以救民饑者是也何謂私曰勸人發廩勸人糶賑勸誘高貲率錢販米歸鄉共濟鄉人者是也臣謹按淳熙九年常州無錫饑臣寮奏乞令提舉司速急於平江府通融支常平斗斛或借撥別邑米前去接續賑恤得旨於平江府朝廷樁管米內支三千石接續賑濟又乾道元年浙西被水臣寮言太平州蕪

湖見樁管常平米一十六萬石未有支使聖旨令
臨安府於内取撥五萬石平江府常州三萬石湖
秀各二萬石鎮江府一萬石仰逐州舊下差官押
發人船前去船取專充賑糶不得他用其糶到錢
逐項樁管秋成收糴撥還此則孝宗誠知通融之
術今日宜當舉行之

借貸内庫

謂曰天子不當有私財私財充羨則侈心生李迪

在翰林仍歲旱蝗國用不足一日歸沐忽傳詔對内東門上出三司所上歲出入財用數目問何以濟迪曰祖宗初置内藏庫復西北故土及以支凶荒今邊無他費陛下用此佐國用財賦寛則民不勞矣上曰今當出金帛數百萬借三司迪曰天子於財無内外願下詔賜三司以顯示德澤何必曰借上悅從之然則今之州郡間有仍歲凶歉去處而匱乏之無策者可不斟酌多寡撥賜以為糴本耶

守臣到任預講救荒之政

熠曰救荒無定法風土不一山川異宜惟在預先講究而已今欲諸州守臣到任不以遠近限一月已後詢究本州管下諸縣鎮可以為救荒之備及其他措置之策講求實惠斷然可行者不拘件數條具奏聞與斟酌可否行下責令本州守臣自守其說如任内設遇旱澇即檢舉施行不得自有違戾外委監司内委臺諫常切覺察臣謂救荒有賑

濟有賑貸三者之名各不同而其用亦各有體識
能識認其體則實惠及民矣今條陳于后

賑糶

此係用常平米其法在於平準市價以消閑糶之風
如市價三十文一升常平只等糶時本錢或十五六
至二十文一升出糶然出糶之時亦須遍及鄉縣村
落之民不可止及城郭游手而已若所蓄之米庋不
足支用當以常平錢委官四出於有米去處循環糶

糶務在救民不得計較所費規圖小利以為已能然施行之際須令上下官吏咸識此意乃可

賑濟

此係用義倉米其法當及老幼殘疾孤貧不能自存之人使無告者免於夭亡然亦不可止及城郭或米不足則近來州縣有義倉錢當用此錢廣糴豆麥穀粟之類同共賑給或散錢與之但抄劄之際須當革弊臣親見徽州婺源村落賑濟里正先赴門抄劄每家覔錢無錢者不與抄名逮至官司散米皆陳腐

沙土不可食之物得不償失極為可恨然全在施行委選得人村落之間又各委本土公正有望為鄉閭所信服者不可信憑公人所舉須參寄居及土人賢者之論庶人望稍服仍先延見委論之因察其人物不許子弟代名出官時以盃酒禮貌激勸使樂為效命又須有術察其任私不職者略責一二以警其餘然此等設施非可一概論又在臨機應變也

賑貸

此係截留上供米或者省倉米或為朝廷乞封椿米

或於諸色倉廒權時那用一面申奏朝廷借内庫乞
度牒糶米補還其法專及中等之户與夫農民耕夫
之無力者既不取息其勢必償此真得以陳易新之
術家給不過一石但支給之際戒有虛偽催索之時
戒有搔擾交納之時戒有乞覔仍不得用小斗量出
大斗交入須用收支斗斛一同又不得取民間頭子
朱墨勘合抄紙等錢其間實係流亡或有不能償者
姑已之譬之賑濟一散無收亦豈有責其必償哉此

乃官司一時救荒之舉縱有陪費失陷居上者亦當
以社稷報本為念是乃利國家之大者也

唐劉景先進救荒仙方

唐永寧三年七月二十七日黃門侍郎劉景先上表云
臣遇太白山隱士傳此法聞京師米糧大貴饑死人民
吾將此法令人服食即得不饑顏色充悅氣力加倍可
以濟人之命臣聞之驚愕謂是狂言又云吾服此藥五
年不食矣但依吾法貴賤皆服不問少長永可不饑臣

遂依法修製令家中皃女大小服之五箇月不食耳目聰明身輕體健氣力强壯臣家中七十餘口更不食别物唯飲水一色若不如斯臣一家甘受誅戮具方于后

四季用黑豆五斗淘洗乾後蒸三遍去皮大麻子三斗浸一宿控出蒸三遍令開口去㲉用豆五升麻子三升作小料亦可

右先擣豆黃為細末然後擣麻子仁極細漸漸下豆黃令勻作圓子如拳頭大入甑內蒸過從晨著火至夜半

子時任火直至天曉出甑至午時然乾搗為細末服之
但以不饑為度不得食一切別物第一頓七日不饑第
二頓四十九日不饑第三頓得三百日不饑第四頓得
三千四百日不饑如更服永不饑也不問老少但依服
食令人强壯面色紅白無有憔悴渴中飲新汲井水或
研火麻子漿飲之若要重喫物用葵菜子碾為末煎湯
冷服當下藥如金色但喫諸物並無所損

令具旱傷勑令格式下項

淳熙令

諸官私田災傷夏田以四月秋田以七月水田以八月聽經縣陳訴至月終止若應訴月并次兩月過閏者各展半月訴在限外不得受理非時災傷者不拘月分自被災傷後限一月止其所訴狀縣録式曉示又具二本不得連名如未檢覆而改種者並量根查以備檢視不願作災傷者聽

諸受訴災傷狀限當日量傷災多少以元狀差通判

或幕職官（本州缺官即申轉運司差）州給籍用印限一日起發仍同令佐同詣田所躬親先檢見存苗畝次檢災傷田段具所詣田所檢村及姓名應放分數注籍每五日一申州其籍俟檢畢繳申州州以狀對籍點檢自往受訴狀復通限四十日具應放稅租色額外分數榜示元不曾布種者不在放限仍報縣申州州自受狀及檢放畢申所屬監司檢察即檢放有不當監司選差鄰州官覆檢（若非親檢次第照依州委官法）

失檢察者提舉刑獄司覺察究治以上被差官不許辭避

諸官私田災傷而訴狀多者令佐分受置籍其載以稅租薄勘同受狀五日內繳申州本州限一日以

聞

諸訴災傷狀不依全式者即時籍記退換理元下狀日月不得出違申州日限

淳熙救

諸縣災傷應訴而過時不受狀或抑遏者徒二年州

及監司不覺察者減三等

諸鄉書手貼司代人戶訴災傷者各杖一百因而受乞財物贓重者坐贓論加一等許人若

諸州縣及被差檢覆災傷於令有違者杖一百檢放官不躬親徧諸田者以違制論

諸詐稱災傷減免稅租者論迴避詐匿不論律許人告

淳熙格

告獲詐稱災傷減免稅租者

杖罪錢一十貫　徒罪錢二十貫

流罪錢三十貫

告獲鄉書手貼司代人戶訴災傷狀者每名錢五十

貫（三百貫止）

淳熙式

勅訴災傷狀

某縣某鄉村姓名今具本戶災傷如

一戶內元管田若干頃畝某都計夏秋稅若干夏

稅某色若干　秋稅某色若干

非已業田依此別為開折

一令種到夏或秋某色田若干頃

計某色若干田係旱傷損或損餘災傷處隨狀言之

某色若干田苗色見存如全損亦言災傷及見存田並每段開折

右所訴田段各立土埄牌子如經差官檢量却與令

狀不同先甘虛妄之罪復此額以詢謹狀年月日姓

名

檢覆災傷狀

檢覆官具位准某處牒帖據某鄉申人户被訴災傷某等尋與本縣某官姓名詣所訴田段檢覆到合放稅租數取責村鄉又結罪保證狀入案如後

某縣據某人等若干户某月終以前兩縣以上各依此例披誠訴狀為某色災傷如限外非時災傷則別具某日月至某月日投披訴之非

正色共若干　合放每色若干　租課作正稅

右件狀如前所檢覆只是權放其年夏或秋一料內租即無夾帶種時不敷及無狀披訴并不係災傷妄破稅租保明是實如後具同甘俟朝典謹具申其處

謹狀年月日依常式

淳熙令

諸承買官田宅納錢有限而遇災傷本户放稅及五分者再展半年再遇者各准此

諸州雨雪過常或愆亢提舉常平司體量次第申尚

書戶部

蝝煌水旱州申監司各具施行次第以聞如本州隱

蔽或所申不盡不實監司體訪聞奏

淳熙令

諸州縣豐熟災傷轉運司約分數奏聞其未收者監

司知州不許預奏豐熟

救荒活民書卷中

欽定四庫全書

救荒活民書卷下

宋 董煟 撰

救荒雜記

臣嘗謂救荒之政有人主所當行者有宰執所當行者有監司太守縣令所當行者監司守令所當行人主宰執之所不必行人主宰執之所行又非監司太守縣令之所宜行令各條列于后

人主救荒所當行一曰恐懼修省二曰減膳徹樂三曰降詔求直言四曰遣使發廪五曰省奏章而從諫諍六曰散積藏以厚黎元　宰執救荒所當行一曰以變調為己責二曰以饑溺為己任三曰啟人主警畏之心四曰慮社稷顛危之漸五曰追官征固本之言六曰建散財發粟之策七曰擇監司以察守令八曰開言路以通下情　監司救荒所當行一曰察鄰路豐熟上下以為告糴之備二曰視部內旱傷小大而行賑救之策三曰通

斂有無四曰糾察官吏五曰寬州縣之財賦六曰發常平之滯積七曰無崇遏糴八曰毋啟抑價九曰無厭奏請十曰無拘文法　太守救荒所當行一曰稽考常平以賑糶二曰準備儲蓄以賑濟三曰視州縣三等之饑而為之計小饑則勸分發廩中饑則賑濟賑糶大饑則告朝廷截上供乞度牒乞鬻爵借內庫錢為糶本四曰視鄰郡三等之熟而為之備纔覺旱澇先發常平錢遣牙吏於鄰郡豐熟處告糴以備賑糴米豆雜料皆可五曰申明遏糴之禁六曰寬弛抑價之令七曰計州用之虛盈存下一歲官吏支遣餘皆以救荒不給則告糴它郡八

曰察縣吏之能否縣令不職劾罷則有迎送之費姑委佐官以輔之不然對移它邑之賢者九曰委諸縣各條賑濟之方十曰因民情各施賑救之術十有一曰差官祈禱十有二曰存恤流民十有三曰早撿放以安人情十有四曰預措備以寛州用十有五曰因所積以濟民饑十有六曰散藥餌以救民疾縣令救荒所當行一曰聞旱則誠心祈禱二曰已旱則一面申州三曰告旱不可邀阻四曰撿旱不可後時五曰申上司乞常平以賑糶六曰申上司覔義倉以賑濟七

曰勸巨室之發廩八曰誘富民之興販九曰防滲漏之姦十曰戢虛文之弊十有一曰聽客人之糶糴十有二曰任米價之低昂十有三曰請提督十有四曰擇監視十有五曰叅考是非十有六曰激勸功勞十有七曰旌賞孝弟以勵俗饑荒之年有骨肉不相保者今婦有遜食於姑孫能養其祖父母者宜物色之十有八曰散施藥餌以救民饑荒之際必有疾病十有九曰寬征催二十曰除盜賊

田錫論救災

臣近見滄州奏全家飢死一十七口雖有指揮下轉運司相度減價賑糶却未見別有指揮若有司只如此行道實未稱陛下憂勞之心陛下為民父母使百姓飢死乃是陛下辜負百姓也宰相調燮陰陽啟導聖德而惠澤不下流王道未融明是宰相辜負陛下已令陛下何不引咎如禹湯罪已也降王音於各處州府使民心知陛下憂恤然後賑廩給貸於以救其死若倉廩虛而饋運不足則即無可給貸則是執政素不用心所致昔

伊尹作相恥一夫不獲令饑死人如此所謂焉用彼相
令陛下可將此事略而責宰相觀其何辭以對待三日
而後無所建明不拜章求退是恐人也恐人而猶相之
是陛下不以百姓為心矣若不别進用賢臣恐危亂之
萌將來滋蔓語曰十室之邑必有忠信況皇家富有萬
國豈無人焉可於常參官自來五日一轉對中觀其所
上之言有遠大謀略經綸才業者可以非次擢用不然
臣恐國家未能早致太平也

畢仲游救荒

耀州大旱野無青草仲游謂郡縣賑濟多後時力愈勞而民不救故先民之未飢多揭榜示郡將賑濟且平糴若干萬石實大張其數勸諭以無出境民皆歡然按堵已而果漸艱食乃出粟以賑且平糶以給之鄰境流散殆盡而耀民之當徙就食者乃十七萬九千口顧所發粟不及萬石以民粟繼之而家給人足無一人逃者監司乃故搜於長安得二人焉曰此耀之流民也送還

郡仲游驗問皆中民之逐利者所齎持自厚即非流民
監司愧沮

滕達道賑濟

滕達道知鄆州歲方饑乞淮南米二十萬石為備後淮南東京皆大饑達道獨有所乞米召城市富民與約曰流民且至無以處則疾疫起併及汝矣吾得城外廢營田欲為席屋以待之民曰諾為屋二千五百間一夕而成流民至以次授地井竈器用皆具以兵法部勒少

者炊壯者樵婦女汲民至如歸上遣工部侍郎王古按視廬舍道巷引繩碁布肅然如營陣古大驚圖上其事有詔褒美所活者凡五萬人

吳遵路賑濟

民既俵米即令採薪芻出官錢收買却於常平倉市米物歸贍老稺凡買柴二十二萬束比至嚴冬雨雪市無束薪即依元價出鬻官不傷財民再獲利又以飛蝗遺種勸種豌豆民卒免艱食之患其說已見捕蝗門

文彦博減價糶米

文彦博在成都米價騰貴因就諸城門相近寺院凡十八處減價糶米仍不限其數張榜通衢翌日米價遂減前此或限升斗出糶或抑市井價直適足以增其氣焰而價終不能平太抵臨事須當有術臣謂此非特能止騰湧亦以陳易新之法也

韓琦平價濟村民

韓琦論自來常平倉遇年歲不稔物價稍高合減元價

出糶出糶之時令諸縣取逐鄉近下等第戶姓名印給關子令收執赴倉每戶糶與三石或兩石唯是坊郭則每日零細糶與浮居之人每日五升或一㪷故民受實惠甚濟飢之即未曾見坊郭有物業人戶乃來零糶常平倉斛㪷者前賢處事精審如此臣謂穀可留而米不可久留若過三年已上則不可食不於饑荒之時糶錢它日易新則終化埃塵而已

彭思永賑救水災

彭思永通判睦州會海水夜敗台州城郭人多死詔監司擇良吏往撫之思永選行將至吏民皆號訴於道思永悉心救養不憚勞苦至忘寢食盡葬溺死者為文以祭之問疾苦賑飢乏去盜賊撫羸弱其始至也城無全舍思永周行相視為之規畫朝夕暴露未嘗憩息民貧不能營葺者命工伐木以助之數日而公私舍畢完人復安其居思永視故城頹壞僅有髣髴思為遠圖召僚屬而謂之曰郡瀕海而無城此水所以為害也當與諸

君圖之程役勸功民忘其勞城遂為永利天子嘉之錫書獎諭後去台還睦二州之民喜躍啼變者交於道

呂公著賑濟

元祐三年冬頻雪民苦寒多有凍死者呂公著為相日與同列議所以救禦之術乃發官米炭遣官數十分置場於京師賤鬻以惠貧民又出内庫錢十萬緡委開封府官吏走遍閭閻周視而賑之又遣官按視四福田院存撫丐者給以日廪須春暮而止農民貧種糧流移在

適者所過州縣存恤寓以官舍續其食流配罪人隨所在寄禁亦委官吏安存之或為饘粥湯藥以救疾或為氊笠綿衣以禦寒民有棄老稚於路者皆設法救養之凡待賑而活者一路或數十萬口賴貸以濟者又倍焉

曾鞏勸諭賑糶

曾鞏知越州歲饑度常平不足以賑給而田居野處之人不能皆至城郭至者羣聚有疾癘之虞前期諭屬縣召富人使自實粟數總得十五萬石視常平價稍增以

予民民得從便受粟不出田里而食有餘粟價自平又出粟五萬貸民為種糧使隨處賦入官農事賴以不乏

臣同此策固善但視常平價稍增則視時價必稍損矣恐成科抑非本朝詔旨不若前期勸諭商賈富民出錢循環糴販之為愈亦須官司先有以表率之

范祖禹乞常平

元祐三年范祖禹言今以常平所有之錢收糴亦未廣陛下誠能出内庫金帛數十萬以為糴本專備水旱凶荒

發斂以時則官本常存而民被惠澤無窮矣濟民之惠無大於此況祖宗內藏庫本備軍旅非常之用仁宗常出錢一百萬緡以供常平糴本此仁惠所以深結於民心夫財出於民復以濟民但使民存不致流亡則今年散之明年復有何患無財也

蘇軾乞糴官米

出糶官米雖是數目浩瀚然止於糴買不失官本亦易應副但令浙西官場糶米不絕直至來年十月終則雖

天災流行不能盡害陛下赤子也如蒙施行即乞先降手詔令監司出榜曉諭軍民令一路曉然知朝廷已有指揮令發運司將上供對撥斛㪷應副浙西諸郡糶米直至明年七月終不惟安慰人心破姦雄之謀亦使蓄積之家知不久官米旦至自然趂時出賣所濟不少惟望聖明深慇一方危急早賜施行

程珦遇水種豆

程珦知徐州沛縣會久雨平源出水穀既不登晚種不

入民無卒歲者珣謂侯可耕而種時已過矣乃募富家得豆數十石以貸民使布之水中水既盡涸而甲已露矣是時遂不艱食

王曾令水災宜寬賦

天聖五年八月河北大水上謂輔臣曰比令內侍往沿邊視水災如聞有龍堰於海口可遣致祭王曾對曰邊郡數大水正洪範所謂不潤下之證海口恐非龍堰宜寬民賦以應天災於是下詔河北水災州軍免今年秋

稅

謝絳論救蝗

竊見比日蝗蟲亘野坌入郛郭而使者數出府縣監捕驅逐蹂踐田舍民不聊生謹按春秋書螟為哀公賦斂之徵又漢儒推蝗為兵象臣願令公卿以下舉州府守臣而使自辟屬縣令長務求方略不限資格然後寬以約束許便宜從事期年條上理狀參考不誣奏之朝廷旌賞録用以示激勸

范鎮論救荒

范鎮知諫院言今歲荒歉朝廷爲放稅免役及開常平倉軍食拯貸存恤不爲不至然而人民流離父母妻子不能相保者平居無事時不能寬其力役輕其租賦雖大熟使民不得終歲之飽及小歉雖重施固已無及矣此無他重斂之致在前故也臣竊以爲水旱之作由民生不足憂愁無聊之嘆上薄天地之和耳

程頤論賑濟

不制民之産無儲蓄之備饑而後發廪以食之廪有竭而飢者不可勝濟也今不暇論其本且救目前之死亡惟有節則所及者廣常見今時州縣濟飢之法或給之米豆或食之粥飯來者與之不復有辨中雖欲辨之不能也穀貴之時何人不願得倉廪既竭則殍死者在前無以救之矣鷄鳴而起親視俵散官吏後至者必責怒之於是流民歌詠至者日衆未幾穀盡殍者滿道愚嘗矜其用必而嗤其不善處事救饑者使之免死而已非

欲其豐肥也當擇寬廣之處宿戒使辰入至巳則閫門不納午而後與之食申而出之（給來者午時出）日得一食則不死矣其力自能營一食者皆不來矣比之不擇而與者當活數倍之多也凡濟飢當分兩處擇羸弱者作稀粥早晚兩給勿使至飽使氣稍平然後一給第一先營寬廣居處切不得令無籍如作粥飯須官員親嘗恐生及入石灰或不給浮浪游手無此理也平日當禁游惰至其飢餓哀矜則一也（此論固高但日與一食恐飢民易成疾病未甚爲穩）

李之純論糴不可廢

李之純爲成都路運判時成都每歲官出米六萬斛減其直出糶以濟貧民議者謂幸民而損上詔下其議之純曰成都蜀部根本民恃此爲生百年矣苟奪之將轉徙無所不至願仍舊貫議遂格

王堯臣乞饑民減死

堯臣知光州歲大饑羣盜發民倉廩吏以法當死堯臣曰此飢民求食爾荒政之所恤也乃請以減死論其後

遂以著令至今用之至真宗時陳從易知處州時歲飢
有持杖盜發困倉者請一切減死論於是全活千餘人
劉彝給米收棄子
劉彝所至多善政其知處州也會江西饑歉民多棄子
於道上彝揭榜通衢召人收養日給廣惠倉米二升每
月一次抱至官中看視又推行於縣鎮細民利二升之
給皆為字養故一境生子無夭閼者
晁補之活飢民葬遺體

晁補之知齊州歲饑河北流民道齊境不絕補之請粟於朝得萬斛乃為流民者治舍次具器用人既集居又且日給糜粥藥物補之皆躬臨治之凡活數千人擇高原以葬死者男女異壚使者顔娟其功欲有以撓之既至境接視乃更嘆服

劉安世救荒

劉安世請删常平之法將一路所有錢米同應副一路之中不得偏聚一州一州之境不得偏聚一縣各隨戶

口之多寡以置糴此通融有無之法但令亦難行然為政者當識前輩規模廣大不局一隅之意

范純仁救荒法

范純仁為襄邑宰因歲大旱度來年必歉於是盡籍境内客舟誘之運粟許為出糶明春客米大至而邑人遂賴以無飢

折克柔保借米賑貸

熙寧七年知河東府折克柔奏令歲河外饑饉雖蒙賑

貸尚未周給人欲流散必求生路恐北人因而招誘遂擄北邊民户臣乞保借米三萬石粟二萬石賑貸候熟令償詔賜省倉粟二萬石賑濟米三萬石借貸

蘇杲賣田賑濟鄉里

蘇杲眉州蘇洵之父杲輕財好施急人之病孜孜若不及凶歲賣田以賑濟其鄰里鄉黨逮熟人將償之君辭不受以至數破其業危於飢寒然未嘗以為悔而好施益甚

上官均賑恤五術

元祐初河北京東淮南災傷監察御史上官均言賑恤五術一欲施予得實二移粟就民此循環糶糴也三隨厚薄散施四選擇官吏五告諭免納夏秋二税上嘉納

王孝先不限時月糴米

紹聖元年七月司農卿王孝先言置場糴米今後遇斛斗價高須正月半已後方許出糶至麥熟罷詔今後所在置場糴米更不限時月如遇在京斛價高户部取旨

出糶

黄寔乞減價出糶封樁米

元符元年六月河北轉運副使黄寔言乞將封樁斛㪷令後於新陳未接間不虧元本量減市價出糶從之

張詠減價糶米

張詠守蜀季春糶廩米其價比時減三之一以濟貧民凡土戶為保一家犯罪一保皆坐不得糴民以此少敢犯法王文康知益州獻議者變詠之法窮民無所濟復

為寇文康奏復之蜀人大喜為之謠曰蜀守之良先張後王恵我赤子俾無流亡何以報之俾壽而康

張詠賑糶法

宣和五年正月臣寮上言聞蜀父老謂本朝名臣治蜀非一獨張詠德政居多如賑糶米事著在皇祐中令常刻石遵守至今行且百年其法一㪷止約小鐵錢三百五十文人日二升團甲及吏赴場請糶歳計米六萬石始二月一日至七日終貧民缺食之際悉被朝廷實恵

向經以圭田租賑飢民

向經知河陽大旱蝗民乏食經度官廪歲支無餘乃先以已圭田所入租賑救之已而富人皆爭效慕出粟所全活甚衆

亳稱出禄米賑濟

仁宗時亳稱爲梓州路轉運使屬歲飢道殣相望稱先出禄米賑民故富家大族皆願以米輸入官而全活者數萬人降勅奬諭

蘇軾乞預救荒

救災恤患尤當在早若災傷之民救之於未飢則用物約而所及廣不過寬減上供糶賣常平官無大失而人人受賜今歲之事是也若救之於已飢則用物博而所及微至於耗散省倉虧損課利官爲一困而已飢之民終於死亡熙寕之事是也熙寕之災傷本縁天旱米貴而沈起張靚之流不先事奏聞但立賞閉糶富民皆爭藏穀小民無所得食流殍既作然後朝廷知之始勅運

江西及截本路上供米一百二十三萬石濟之沿門俵米攔街散粥終不能救飢饉既成繼之以疫疾本路死者五十餘萬人城郭蕭條田野丘墟兩稅課利皆失其舊勘會熙寧八年本路放稅米一百三十萬石酒稅虧減六十七萬餘貫畧計所失共計三百餘萬石其餘耗散不可悉數至今轉運司貧乏不能舉手此無他不先事處置之過也去年浙西數郡先水後旱災傷不減熙寧二聖仁智聰明於去年十一月中首發德音截撥本

路上供斛蚪二十萬石賑糶又於十二月時寬減轉運
司元祐四年上供蚪斛三分之二為米五千餘斛賑糶
盡用其錢買銀絹上供了無一毫虧損縣官而命下之
日無不歡忻既往糶米價自落又自正月開倉糶常平
米仍免數路稅場所收五穀力勝錢且賜度牒三百道
以助賑濟本路帖然絕無一人餓殍者此無他先事處
置之力也由此觀之事豫則立不豫則廢其禍福相絕
如此

富弼青州賑濟行遺

此河北流移之民逐熟青淄五州非如本界分災傷而行賑濟也蓋豐稔而出米濟流民則其勢難比只為政者所當知也要識前輩處事規模不苟如此

擘畫屋舍安泊流民事指揮

當司訪聞青淄登濰萊五州地分甚有河北災傷流移人民逐熟過來其鄉村縣鎮人戶不那趲房屋安泊多是暴露並無居止目下漸向冬寒竊慮老少人口別致飢凍死損甚損和氣須議別行擘畫下項

一州縣坊郭等人戶雖有房屋人緣見是出賃與人
戶居住難得空閒屋室令逐等合那趲房屋間數
如后

第一等五間　第二等三間

第三等兩間　第四等五等一間

一鄉村人戶甚有空閒房屋易得小可屋合逐等合
那趲間數如后

第一等七間　第二等五間

第三等三間　第四等五等兩間

右各請體認見今流民不少在州即請本州出榜在縣鎮鄉村即指揮縣司曉示人戶依前項房屋間數各令那趲立定日限須官數足數内城郭勒廂界管當其鄉村即指揮逐地分耆壯抄㸃逐等姓名趲那到房屋間數申官仍叮嚀約束管當人等不得因縁騷擾乞覓人戶錢物如有違犯嚴行斷决仍指揮州縣城鎮門頭人常切辨認才候見有上件災傷流民老小到門内其在

州則引於司理處出頭其在鄉即引於知縣處出頭其在鎮內即引於監務處出頭各仰逐官相度人數指定那趲房屋主人姓名令幹當人盡將引押於抄點下房屋內安泊如門頭不肯引領者許流民於隨處官員處出頭速取勸決訖當使指揮安泊了當知有流民欲前去未肯安泊者亦聽從便如有流民不奔州縣直往鄉村內安泊者仰耆壯盡將引領於趲那下房內安泊訖申報本縣及當職官員躬親勸誘逐家量口數各與粜

土或貸種救濟種植度日內有見在房數少者亦令收拾小可材料權與蓋造應副若有下等人戶委的貧虛别無房屋那應不得一例施行除此劈畫之外如更有安泊不盡老少即指揮逐處僧尼等寺道士女冠宮觀門樓廊廡及更别攢那新居房屋安泊河北逐熟老小如有指揮不及事件亦請當職官員相度利害一面指揮施行務要流民安居不至暴露失所

曉示流民許令諸般採取營運事指揮

當司訪聞近者被災流民多在山林泊野打刈柴薪衣食不充已逼飢寒時棄溝壑坐見死亡之阨豈無賑恤之方又緣倉廩所收薄書有數流民不絶濟贍難周欲盡救災必須衆力庶幾凍餒稍可安存况乎今年田苗既大豐於累載而又諸郡物價復數倍於常時葢因流民之來遂收踊貴之直豈可只思厚己不肯救人共睹災傷諒皆痛憫兼日來累據諸處申報以斛𣂰不住增長價例乞當司指揮諸州縣城郭鄉村百姓不得私下

擅添物價所貴飢民易得粮食見令别路州縣城郭鄉村並皆有此指揮惟當司不曾行蓋恐止定價例則傷我土居之人須至期作擘畫可使兩無所失其上須五州鄉村人户分等第並令量出口食以濟急難施斗石之微在我則無所損聚萬千之數於彼則甚有功凡在部封共成利濟斂本路之物救鄰封之民實用通其有無豈復分於彼此令其逐家均定所出斛𣏌數目如后

第一等二石　第二等一石五斗

第三等一石　第四等七斗

第五等四斗　客户三斗

已上米穀並營運送納

右件事須降此告諭，當云各令知悉，隨有其餘約束事

件並從別牒處分。慶歷八年十月日告諭

約束事件逐一指揮如后

一逐州據封去告諭，未斂約量縣分大小，擘畫逐縣

仍令逐縣亦相度耆分大小，散與耆分司令遍告

示鄉村等人大戶一依告諭上六等糶斛碩𣢾出
辦救濟流民務在及時措置附近州城鎮縣者分
内第一第二等人户即於逐州縣送納其第三第
四第五等并客户及不近州縣鎮城遠處第一等
以下應係合納斛𣢾人户並只於本耆送納仰縣
司據逐耆人户合納都數均分與當耆内第一等
人户令圓那房室盛貯如耆長係第一等即亦令
均分收附仍仰耆長同共專切提舉管幹在耆都

數不至散失及別致踈虞
右具如前各牒青淄濰登萊五州候到將降去本使告
諭若干本數收管限當日内一依上項逐件約束指揮
施行仍仰指揮逐縣官員分頭專切提舉管幹斷定不
得信縱交納幹當人等亂有邀難住滯人戶乞覓錢物
并指揮逐縣按此人戶收成之際限三五日内早令送
納了足專候催納了訖開坐逐縣納到石斗諸實事狀
入馬遞供申當司定取日近俵散飢民不得信縱拖延

誤事若是内有係大段災傷人戶委的難為出辦郡不得一例施行亦不得為有此指揮别生弊情透漏有力人戶如稍有違戾無輕恕所有將來俵散救濟流民次第别聽於當司指揮（臣曰此係豐熟州軍令民間出米故行移稍峻）

支散流民斛㪷畫一指揮

當司昨為河北遭水失業流民擁併過河南於京東青淄濰登萊五州豐熟處逐處散在城郭鄉村不少當司雖已諸般擘畫採取事件指揮逐州官吏多方安泊存

恤救濟施行本使體量尚恐流民失所尋出給告諭文字送遂州給散諸縣令逐耆長將告諭指揮鄉村等第人户并客户依所定石斗出辦米豆數內近州縣鎮只於城郭內送納其去州縣鎮城遠處只於逐耆令耆長置歷受納於逐耆第一等人户處圖那房屋盛貯收附封鎖施行去訖日後據逐州申報已告諭到斛㪷數目受納各有次第今體量得飢餓死損須至令上項五州一倒於正月一日委官分頭支散上件勸諭到斛㪷救

濟飢民者

一請本州才候牒到立便酌量逐縣者分多少差官每一官令專管十耆或五七耆據耆分合用員數除逐縣正官外請於見任并前資寄居及文學助教長史等官員内須是揀擇有行止清廉幹當得事不作過犯官員仍勘會所差官員本貫將縣分交互差委支散免致所居縣分親故顏情不肯盡公及將封去帖牒書填定官員職位姓名所管耆

分去處給與逐官收執火急發遣往差定縣分計
會縣司盡時將在縣收到城罰錢或頭子錢并檢
取遠年不用放紙賣錢收買小紙依封去式樣字
號空嵌雕逼印板酌量流民多少寬剩出給印押
歷子頭各於歷子後粘連空紙三兩張使令差定
官員令本縣約度逐耆流民家數分擘歷子與所
差官員使令親自收執分頭下鄉勒耆壯引領排
門點檢抄劄流民每見流民逐家盡底喚出本家

骨肉親自當面審問的實人口填定姓名口數逐家各給歷子一道收執照證准備請領米豆即不會差委公人著壯抄劄别致作弊虛偽重疊請却歷子

一指揮差委官抄劄給歷子時子細點檢逐處流民如内有雖是流民見今已與人家作客鋤田養種及有錢本機織販舂諸般買賣圖運過日不致失所人更不得一例抄劄姓名給與歷子請領米豆

一應保流民雖有房舍權時居住只是旋打州柴草日逐旋求口食人等並盡底抄劄給與歷子令請領米豆

一應有流民老小羸瘦全然單寒及孤獨之人只是尋村乞丐安泊居止不定等人委所差官員擘畫歸著者分或在廟寺院安泊亦使出給歷子請領米豆又不得謂難為拘管輒敢違棄却致拋擲死損提舉官常切覺察

一應係土居貧窮年老殘患孤獨見求乞貧子等仰
抄劄流民官員躬親檢點如果不是虛偽亦各給
歷子令依此請領米豆

一指揮差委官員須是於十二月二十五日已前抄
劄集定流民家口數給散歷子了當須曾自皇祐
元年正月一日起首一齊支給不得拖延有誤至
日支散亦不得日數前後不齊

一流民所支米豆十五歲以上每人日支一升十五

歲以下每日給五合五歲以下男女不在支給仍歷子頭上分別細算定一家口數合請米豆都數逐旋依都數支給所責更不臨時旋討者

一緣已就門抄劄見流民逐家口數及歲數則支散日更不令全家到來只每家一名親執歷子請領

一逐官如管十耆即每日支兩耆逐耆併支五日口食候五日支遍十耆即却從頭支散所責逐耆每日有官員躬親支散如管五七耆者即將耆分大

耆每日支散一耆其耆分小者每日支散兩耆亦須每日一次支遍遂次併支五日口食仍預先於村莊明出曉示及令本耆壯丁四散告報流民指定支散日分去處分明開說甚字號耆分仍仰差去官員須是及早親自先到闕支斛斗去處等候流民到來逐旋支散才候支絶一耆速往下次合支耆分不得自作違慢拖延過時别至流民歸家遲晚道塗凍露

一指揮差委官員相度逐處受納下来豆如內有在者分遥遠第一等戶人家收附恐流民所去請領遥遠即勒耆壯量事圖那車乗般赴本耆地分中心穩便人家房室內收附就彼便行支散責要一者之內流民盡得就近請領

一指揮所差官員除抄劄籍定給散流民外如有逐旋新到流民並須官員親到審問子細點檢本家的實口數安泊去處如委不是重疊虛偽立便給

與歷子據所到日分起請如有已得歷子流民起
移仰居停主人畫時令流民將元給歷子於監散
官員處毀抹若是不來申報及稱帶却歷子並仰
量行科決不得鹵莽重疊給印歷子亦不得阻滯
流民

一逐耆各均匀納下斛斗竊恐流民於逐耆耆安泊
不均仰縣司勘會據流民多處耆分酌量人數發
遣趲併於少處耆分安泊令逐耆均匀支散救濟

若是流民安泊處穩便不願起移即趲併別者斛斗就便支俵不得抑勒流民須令起移

一州縣鎮城郭內流民只差委本處見任官員亦先且躬親排門抄劄逐戶家口數依此給與歷子每一度併支五日米豆候食盡挨排日分接續支給米豆一般施行

一逐州除逐處監散官員仍請與通判或選差清幹職官一員往本州界內往來都大提舉諸縣支散

米豆官吏仍點檢逐耆元納并逐官支散文歴一依逐件鈐束指揮施行仍親到所支散米豆處子細體問流民所請米豆委得均濟别無漏落如有官員弛慢不切用心信縱手下公人作弊減尅流民合請米豆不得均濟即密具事由申報本州别選差官員衝替訖申當司不得葢庇

一所支斛斗如州縣内支絶已納到告諭斛斗外有未催到數目便且於省倉斛斗内權時借支據見

欠斛斗立便催納依數撥填其鄉村所納斛斗如未足處亦逐旋請緊切催促不得闕絶支散閃誤

流民

一每官一員在縣摘差手分斟子各一名隨行幹官仍給升斟各一隻差本縣公人三兩人當直如在縣公人數少即權差壯丁亦不得過三人

一所差官員除見任官外應係權差請官如手下幹當人并耆壯等及流民内有作過者本官不得一

面區分具事由押送本縣勘斷施行

一權差官每月於前項贓罰頭子等錢内支給食直錢五貫文見任官不得一例支給

一權差官已有當司封去帖牒若差見任官員即請本州出給文字幹當其賞罰一依當司封去權差官帖牒内事理施行

一才候起支當司必然别州差官徧詣逐州逐縣逐耆點檢如有一事一件違慢本州承牒手分并縣司

官吏必然勘罪嚴斷的不虛行指揮

一逐州縣鎮候差定官員將印行指揮畫一抄劄一

本付逐官收執照會施行

一勘會二麥將熟諸處流民盡欲歸鄉尋指揮逐州

并監散官員將見今籍定流民據每人合請米豆

數目自五月初一日算至五月終一併支與流民

充路糧令各任便歸鄉

一指揮出牓青淄等州河口曉示與免流民稅渡錢

仍不得邀難住滯

一指揮青淄等州曉示道店不得要流民房宿錢事

右具如前事須各牒青淄濰萊登五州候到各請遵依前項遂件指揮施行就報所有當司封去帖牒如有剩數却請封送當司不得有違

宣問救濟流民事劄子

臣伏奉聖旨取索擘畫救濟流民事件令節略編纂作四策具狀繳奏去訖臣部下九州軍其間近河五州頗

熟逐釀於民得粟十五萬斛第二等兩石第五等三斗而已明甚樂輸只令人戶就本村者隨處收納貴不勞我土民多差官員領之見任不足即指請前資寄任待闕閑官又先時已於州縣城鎮鄉村抄下舍字十餘萬間流民來者隨其意散處民舍中逐家給一歷歷各有號使不相侵欺仍於歷前計定逐家口數及合給物數令官員諸逐鄉逐者就流人所居近處每人日給生豆米各半升流民至者安居而日享食物又以其散在村野薪水之利甚不難致似此直養活至去年五

月終麥熟仍各給與一去路糧而遣歸而按籍總三十餘萬人此是於必死之中救得活者也與夫只於城中煮粥使四遠飢羸老弱每日奔走屯聚城下終日等候或得或不得閃誤死者大不侔也其餘未至羸病老弱稍營運自給者不預此籍然亦遍曉示五州人民應是山林河泊有利可取者其地主不得占𠛬一任流民採掇如此救活者甚多即不見數目山林河泊地主寧無所損然損者無大害而流民獲利者便活性命其利害

較然也又減利物廣招兵徒一萬人尋常利物每一人可招三人或四五口及四五萬人大約通計不下四五十萬人傳云生全百萬者妄也謹具劄子奏聞

程迥代能仁院賑濟疏

伏以釋迦如來以無礙神通廣大光明照見一切衆生受諸苦惱乃發大慈悲願力救度無量衆生凡有飢渴皆得飽滿我釋氏子躬受佛教成就志願亦復如是恭惟知縣某公知丞某公仙尉某公皆宿植善根與我士

民有大因緣故受天子命來為民主宰令歲在庚子水旱饑饉委鄉官抄劄鰥寡孤獨跛眇廢疾不能自存之人計一千五百九十九人雖屢申上司乞發下義倉米賑濟然使府所臨一郡八縣監司所統一路百城雖許量撥至今未下度其米斛不足露濟令用米一升可活一人一日之命積之百五十日則麥熟可自活是用米石五官斗可活一人之命令我大檀越諸公能傾囷倒廩救活一人二人三人以至十人百人之命獲福無量

皆與佛等下至貧庶之家老節衣食以救飢困以至童男女能輟餅果之資以為布施一錢已上皆獲善果今敬對三寶前焚香禮拜發此大願天地鬼神實臨之凡我施主官員則願加秩進祿三錫九遷儒士則聰明穎開早掇科第民庶公吏則家道昌盛子孫榮顯所求稱意逢遇吉慶至於僧道童行皆於道法早得超度昔童子聚沙以戲見佛施佛佛為受記為轉輪如來四之一其後百年阿育王是也是以布施受福若影隨形如響

應聲不可誣也伏願仁慈見聞喜捨俟圓滿日具名宣懺是時勸分賑糶無所不至復用此策令僧道勸諭之可見其不敢斜亦明矣

曾鞏救災議

河北地震水災隳城郭壞廬舍百姓暴露乏食主上憂憫下緩刑之令遣拊循之使恩甚厚也然百姓患於暴露非錢不可以立屋患於乏食非粟不可以飽二者不易之理然非得此二者雖主上憂勞於上使者旁午

於下無以救其患塞其求也有司建言請發倉廩與之粟壯者人日二升幼者人日一升主上不旋日而許之賜之可謂大矣然有司之言特常行之法非審計終始見於衆人之所未見也今河北地震水災所毀敗者甚衆可謂非常之變也遭非常之變者亦有非常之恩然後可以振之今百姓暴露乏食已廢其業矣使之相率日待二升之廩於上則其勢必不暇乎它為是農不復得修其畎畝商不復得治其貨賄工不復得利其器用

閒民不復得轉移執事一切棄百事而專意於待升合之食以偷為性命之計是直以餓殍養之而已非深思遠慮為百姓長計也以中戶計之戶為十人壯者六人月當受粟三石六斗幼者四人月當受粟一石二斗率一戶月當受粟五石難可以久行也不行則百姓何以贍其後久行之則被水之地既無秋成之望非至來歲麥熟賑之未可以罷自今至於麥熟共十月一戶當受粟五十石今被災者十餘州州以二十萬戶計之中戶

以上及非災害所被不仰食縣官者去其半則仰食縣官者為十萬戶食之不遍則為施不均而民有無告者也食之遍則當用粟五百萬石而足何以辨此又非深思遠慮為公家長計也至於給授之際有淹速有均否有真偽有會集之擾有辨察之煩措置一差皆足致弊又羣而處之氣久蒸薄必生疾癘此皆必至之害也且此不過能使之得旦暮之食耳其於屋廬脩築之費將安取哉屋廬脩築之費既無所取而就食於州縣必相

率而去其故居雖有頹牆壞屋之尚可全者故材舊瓦之尚可因者什器衆物之尚可賴者必棄之而不暇顧甚則殺牛馬而去之者有之伐桑棗而去之者有之其害又可謂甚也今秋氣已半霜露方始而民露處不知所蔽蓋流亡者亦已衆矣如不可止則將空近塞之地空近塞之地失戰鬭之民此衆士大夫之所慮而不可謂無患者也空近塞之地失耕桑之民此衆士大夫之所未慮而患之尤甚者也何則失戰鬭之民異時有警

邊戍不可以不增爾失耕桑之民異時無事邊糴不可以不責災二者皆可不深念歟萬一或出於無聊之計有窺倉庫盜一囊之粟一束之帛者彼知已負有司之禁則必鳥駭鼠竄竊弄鋤挺於草茅之中以扞游徼之吏强者既鼠而動則弱者必隨而聚矣不幸或連一二城之地有桴鼓之警國家胡能晏然而已乎況夫外有邊陲之可慮內有郊祀之將行安得不防之於未然而銷之於未萌也然則為今之策下方紙之詔賜之以錢

五十萬貫貸之以糴一百萬石而事定矣何則令被災之州為十萬戸如一戸得粟十石得錢五千下戸常産之貲平日未有及此者也彼得錢以全其居得粟以給其食則農得脩其畎畝商得治其貨賄工得利其器用閑民得轉移執事一切得復其業而不失夫常生之計與専意以待二升之廪於上而勢不暇乎他為豈不逺哉此可謂深思逺慮為百姓長計者也由有司之說則用十月之費為粟五百萬石由今之說則用兩月之費

為粟一百萬石況貸之於今而收之於後足以賑其艱乏而終無損於儲蓄之實則所實費者錢五鉅萬貫而已此可謂深思遠慮為公家長計者也又無給授之弊疾癘之憂民不必去其故居苟有頽牆壞屋之尚可全者故材舊瓦之尚可用者什器衆物之尚可賴者皆得而不失況於全牛馬保桑棗其利又可謂甚也雖寒氣方始而無暴露之患民安居足食則有樂生自重之心各復其業則勢不暇乎它為雖驅之不去誘之不為盜

矣夫饑歲聚餓殍之民而與升合之食無益於救災補敗之數此常行之弊法也今破去常行之弊法以錢與粟一舉而賑之足以救其患復其業河北之民聞詔令之出必皆喜上之足賴而自安於畎畝之中負錢與粟而歸與其父母妻子脫於流轉死亡之禍則戴上之施而懷欲報之心豈有已哉天下之民聞國家措置如此恩澤之厚其孰不震動感激悅主上之義於無窮乎如是而人和不可致天意不可悅者未之有也人和洽於

下天意悅於上然後王輅徐動就陽而卹荒裔殊陬奉璧來享疆內安輯里無囂聲豈不過變於可為之時消患於無形之內乎此所謂審計終始見於衆人之所未見也不早出此或至於一有抱鼓之警則雖欲為之將不及矣或謂方今錢粟恐不足以辦此夫王者之富藏之於民有餘則取不足則與此理之不易者也故曰百姓足君孰與不足百姓不足君孰與足蓋百姓富實而國獨貧與百姓饑殍而上獨能保其富者自古及今未

之有也故又曰不患貧而患不安此古今之至戒者也
是故古者二十七年耕有九年之蓄足以備水旱之災
然後謂之王政之成堯水湯旱而民無捐瘠者以是故
也今國家倉庫之積固不獨為公家之費而已凡以為
民也雖倉無餘粟庫無餘財至於救災補敗尚不可已
況今倉庫之積尚可以用獨安可以過憂將來之不足
而立視夫民之死乎古人有言曰剪爪宜及膚割髮宜
及體先王之於救災髮膚尚無足愛況外物乎且今河

北軍州凡三十七災害所被十餘州軍而已他州之田
秋稼足望今有司於糴米常價斗增一二十錢非獨足
以利農其餘增糴一百萬石易矣斗增一二十錢吾權
一時之事有以為之耳以實錢給其常價以茶荈香藥
之類佐其虚估不過捐茶荈香藥之類為錢數萬貫其
費已足茶荈香藥之類與百姓之命孰為可惜不待議
而可知也夫費錢五鉅萬貫又捐茶荈香藥之類為錢
數鉅萬貫而足以救一時之患為天下之計利害輕重

又非難明也顧吾之有司能越拘攣之見破常行之法與否而已此時事之急也故述斯議焉

趙抃救菑記

熙寧八年吳越大旱抃以資政殿大學士知越州前民之未飢為書問屬縣菑所被者有幾鄉民能自食者有幾當廩於官者幾人溝防興築可僦民使治之者幾所庫錢倉粟可發者幾何富人可募出粟者幾家僧道士食之羨粟書於籍其幾具存使各書以對而謹其備州

又為之出官粟得五萬二千餘石平其價予民為糶粟之所凡十有八使糶者自便如受粟又僦民脩城四千一百丈為工三萬五千下戸乏食者賑糶有田無力耕與賑貸闔境五邑以鄉村遠近均粟置場每場以一總首主出納十場以一官吏專伺察越人至今稱之

馮檝勸諭賑濟詩

紹興辛未歲歉米貴盧帥馮檝出俸錢買米減價糶賣賑濟救民賦詩示幹事人

我昔未第日鄉閭逢歲饑兩率閭里人相共行賑濟飢
民僅得食免困餓而甦及我登第後被罷歸田里尋復
拜召命迤邐治行計忽見道途間小兒有遺棄復自勸
鄉邦劄已用施惠日飯八千人八旬乃休止于時已麥
熟糧食相接濟我始趨行朝蒙恩長宗寺初本不望報
人以為能事制司具切奏還官不容避今年又少歉我
適帥瀘水無戶備飯食所濟俱用米聊舍三百斛十中
活一二又以千千石減價平行市每石減十錢庶幾無

九萬五千餘人後諸卒以城畔虜掠無一家免過門曰
此洪佛子家也汝毋得入

趙令良賑濟法

趙令良隆興二年帥紹興是時流民聚城郭待賑濟餓
而死者不可勝計通判王恬閤立寧孫建策云今盡常
平義倉之米賑給之至來年麥熟止恐無以為繼況向
給斗升之米官不勝其勞民不勝其病莫若計其地里
之遠近日數之多寡人給兩月之糧令歸治本業不猶

愈於聚於城郭待斗升之給困餓而死乎趙行其言委官抄劄給糧以遣之不旬日閭城中無一死人歡呼盈道全活者甚衆此用曾南豊之美意

徐寧孫建賑濟三策

一賑濟飢民令請自本州縣當職官多方措置從實抄劄實係孤老殘疾并貧乏不能自存闕食飢民大人小兒數目籍定姓名將義倉斛㪷各逐坊巷逐村逐鎮分散賑濟不必聚落逐處勸請鄉官或

先令赴請所賫分頭集事又且飢民不致併就一處喧鬧

趙雄乞椿積錢給散

契勘前件諸州多是不通水路若從外臺乞米搬運實非良策欲望聖慈特降睿旨於總所朝廷積錢内支降錢引二十萬道撥赴帥司計臣同本路漕臣視諸州旱傷人戶數隨宜給散令守臣多力措置於得熟去處趂時收糴米不足則雜糴菽粟麥蕎之類茍可以救死亦

何所擇冐今若不預為之備更俟十月刈穫見得十分饑荒方行奏請則緩不及事矣

蘇次參賑濟法

蘇次參澧州賑濟患抄劄不公給印歷一本用紙半幅上書其家口數若干大人若干小兒若干合請米若干實貼於各人門首壁上内聲迹如有虛偽許人告首甘伏斷罪以備委官檢點又患請米冗併令幾人為一隊逐隊用旗引卯時一刻引第一隊二刻第二隊以至辰

橫姦詐所惱失黃能如此宜為真君所重

饒州富民段二十八紹興丁卯歲大饑流民滿道段積穀數倉閉不肯糶一日方與家人評論物斛低昂間忽天雨晦冥火光滿屋改遂為震雷所擊家人發倉求救其所貯穀亦為天火所燒盡矣蓋饑者歲之不幸雖冥數如此而上帝豈不念之安有不能賑濟而又刹其價之踴貴耶宜其自取誅戮也

慶歷八年大水歲饑流民滿道韓琦大發倉廩并募人

入粟分命官吏設粥食之日往按視遠近歸之不可勝數明年皆給路糧遣各還業所活甚多明詔嘉獎琦薨後數年侍禁孫勉以殺龜爲泰山所追至一公府見廳上金紫而坐者乃韓琦勉以老幼無託告之琦已惻然密諭勉云令到彼若告不下即報乞檢房簿勉出又至一公府守衛者愈嚴惡見廳上有三金紫者坐在案頭龜亦在側勉大怖屢告不允遂報乞檢房簿金紫者怒曰汝安知有房簿耶誰泄此事命加凌窘勉不禁其苦

出雨至皆無所避無何水暴至飢民盡被漂溺不數日
此官亦病疫死回視韓珂相去遠甚一人冥路事知如
何
漢州長者李發遇歲不登輒為食以食餓者自春徂冬
日以千數乾道戊子民飢甚官為發廩勸分而就食李
家者日至三四萬人明年流逋未復而荒政已罷民愈
困憊數百里間扶老攜幼挈釜采薪而以李為歸者其
衆又倍於前蓋李之為此自紹興之丙辰至此三十餘

年歳以爲常所出捐不知其若干斛所全活不知其幾何人矣及是而恵益廣績愈茂故州郡及諸使者始上其事孝宗皇帝嘉之授初品官其後孫寅仲登第唱名第三世皆以爲賑濟之報

救荒活民書卷下

欽定四庫全書

救荒活民書拾遺

宋 董煟 撰

貞元九年鹽鐵使張滂奏去歲水災減稅用度不足請稅茶以足之自明年以往稅茶之錢令所在別貯俟有水旱以代民田稅自是歲收茶稅錢四十萬緡未嘗以救水旱

煟曰張滂初請稅茶本欲別貯其錢俟有水旱代

民田租其建議非不善德宗收税錢後已不能行故當時陸贄亦謂歲收五十萬緡未嘗以救水旱比年榷貨務上言茶鹽税錢額二千萬緡今每遇水旱盡亦推原鹽茶之本意少捐數十萬緡以濟之可乎

梁末侯景作亂江南連年旱蝗江揚尤甚百姓流亡相與入山谷江湖採草根木葉菱芡而食之所在皆餓死者蔽野富室無食皆鳥面鵠形衣羅綺懷金玉俯伏床

帷待命聽終千里絕烟人迹罕見白骨聚如丘山

煟曰春秋之時戰爭相尋秦晉之飢猶且乞糴梁末旱蝗土宇雖狹盜賊雖起然百里之地猶足以朝諸侯況據大江之南乎時宇文泰在魏方講行府兵有惠養黎元之志儻走一介賫寶玉以告滯積仍乞護送彼以生民為念其忍坐視而弗救乎惜也梁之君臣昏庸不知布德施惠百姓轉死乎溝壑甚至衣羅錦懷金玉以待盡悲夫

大業七年煬帝謀討高麗發民夫運米積於瀘河懷遠耕稼失時田疇多荒飢饉荐臻穀價踊貴米斗直數百錢所運米或粗惡令民糴以償之重以官吏侵漁不知困窮財力俱竭安居則不勝凍餒剽掠則猶得延生於是始相聚為羣盜

熠曰自古盜賊之起未嘗不始於飢饉上之人不惜財用知所以賑救之則庶幾其少安不然鮮有不殃及社稷者況夫軍旅之後必有凶年耕稼失

時田疇多荒民力殊難也於此猶欲以和糴抑配
之可不鑒乎
十四年煬帝幸江都郡縣競刻剝以充貢獻外為盜賊
所掠內為郡縣所賊生計無遺加之飢饉無食始採木
皮禁或擣槀為末或煮土而食之然官廩猶充伋吏皆
畏法莫取賑救
熠曰張官置吏本以為民令吏皆畏法莫敢賑救
是必上之人諱聞荒歉也以荒歉為諱者其禍至

此然天子者民之父母也子既飢餓父母其忍坐視手令民之採木皮擣藁末以充飢腸而上猶不知煬帝不亡何待哉

隋末河南山東大水餓殍滿野死者數萬人徐世勣言於李密曰天下大亂本為饑饉今更得黎陽倉大事濟矣密遣世勣於黎陽開倉恣民就食

熠曰為人上者平居暇日其所貯積正為斯民饑饉計爾不知發廩賑恤乃至英雄散之以沽譽迹

其禍患可不鑒歟然嘗觀密至洛口倉散米無防守取之者隨意多少或就倉之後力不能致委棄衢路自倉城至郭門米厚數寸為車馬所躙踐羣盜來就食者并家屬近百萬口無甕盎織荊筐淘米洛水西岸千里之間望之如白沙密喜謂賈閏甫曰此可謂足食矣噫食也者民所賴以為命而輕棄若此使密得志豈生靈之福歟

隋末馬邑太守王仁恭不能賑施劉武周欲謀作亂宣

言曰今百姓饑饉僵尸滿道王府君閉倉不賑抑豈為
民父母之意衆皆憤怒武周稱疾卧家豪傑候問武周
椎牛縱酒因大言曰壯士豈能坐待溝壑倉粟閉積誰
能與我共取之豪傑皆許諾未幾以計斬仁恭郡中無
敢動者開倉賑貧民境内屬城皆下之

煟曰飢饉而不發廪往往姦雄多假此號召百姓

以倡亂臣觀義寧元年左翊衛郭子和坐徙榆林

會郡中大飢子和潜結敢死士十八人執郡丞王

才數以不恤百姓之罪斬之開倉賑施此雖盜賊之行不足汚齒頰然亦足以爲不留意賑卹者之戒

天寶十三年水旱相繼關中大飢楊國忠惡京兆尹李峴不附己以災沴歸咎於是貶長沙大守上憂雨傷稼國忠取禾之善者獻之曰雨雖多不害稼也上以爲然扶風太守房琯言所部水災國忠使御史推之是歲天下無敢言災者高力士侍側上曰淫雨不已卿可盡言

士對曰自陛下以權假宰相賞罰無章陰陽失度臣何敢言上默然

熠曰自古姦臣固位惟欲諂事人主不樂聞四方水旱盜賊之警故多爲掩遏之計不知稔成禍基

非國之福孟子曰入則無法家拂士出則無敵國外患者國恒亡是欲使人主常懷恐懼也況水旱

不恤民心日離國忠不學無術何足以知之

唐盧坦爲宣歙觀察使到郡歲飢穀價日增或請損之

坦曰所部土狹穀少仰四方之來者若價賤穀不復來益困矣既而商米輻湊市估遂平民賴以生

煟曰不抑價則商賈來此不易之論昧者反之其意止欲沽譽不知絕市無告糴之所適以召變而起謗也坦有定見如此哉

除蝗條令

淳熙勑

諸蟲蝗初生若飛落地主鄰人隱蔽不言耆保不即

時申舉撲除者各杖一百許人告當職官承報不受理及受理而不即親臨撲除或撲除未盡而妄申盡靜者各加二等

諸官私荒田（牧地同）經飛蝗住落處令佐應差募人取掘蟲子而取不盡因致次年生發者杖一百

諸蝗蟲生發飛落及遺子而撲掘不盡致再生長者地主耆保各杖一百

諸給散捕取蟲蝗穀而減尅者論如吏人鄉書手攬

納稅受乞財物法

諸係公人因撲掘蟲蝗乞取人户財物者論如重禄

公人因職受乞法

諸令佐遇有蟲蝗生發雖已差出而不離本界者若緣蟲蝗論罪並依在任法煟竊謂本朝捕蝗之法甚嚴然蝗蟲初生最易捕打往往村落之民惑於祭拜不敢打撲以故遺患未已是未知姚崇倪若水盧懷慎之辯論也臣今録于後或遇蝗蝻生發

去處宜急刊此作手榜散示頒士夫父老轉相告
諭亦開曉愚俗之一端也開元四年山東大蝗民
祭拜坐視食苗不敢捕宰相姚崇奏云秉彼蟊賊
付畀炎火此古除蝗義也乃出御史為捕蝗使分
道殺蝗汴州刺史倪若水上言除天災者當以德
昔劉聰除蝗不克而害愈甚崇移書誚之曰聰偽
主德不勝祆今祆不勝德古者良守蝗避其境令
坐視食苗因以無年刺史其謂何若水懼乃縱捕

得蝗十四萬石時議者喧譁帝疑復問崇曰庸儒泥文不知變且討蝗縱不能盡不愈於養以遺患乎帝然之盧懷慎曰凡天災安可以人力制也且殺蟲多必戾和氣崇曰昔楚王吞蛭而厥疾瘳叔敖斷蛇而福乃降今蝗幸可驅若縱之穀且盡殺虫救人禍歸於崇不以諉公也蝗害遂息

捕蝗法

一蝗在麥苗禾稼深草中者每日侵晨盡聚草梢食

露體重不能飛躍宜用筲箕稭栲之類左右抄掠傾入布袋或蒸或焙或澆以沸湯或掘坑焚火傾入其中若只瘞埋隔宿多能穴地而出不可不知

一蝗最難死初生如蟻之時用竹作搭非惟擊之不救且易損壞莫若只用舊皮鞋底或草鞋舊鞋之類蹲地摑搭應手而斃且狹小不損傷苗稼一張牛皮或裁數十枚散與甲頭復收之北人聞亦用此法

一蝗有在光地者宜掘坑於前長濶為佳兩旁用板及門扇接連八字鋪攤却集衆用木板發喊趕逐入坑又於對坑用掃箒十數把俟有跳躍而上者復掃下覆以乾草發火焚之然其下終是不死須以土壓之過一宿乃可一法先燃火於坑然後趕入

一捕蝗不必差官下鄉非惟文具且一行人從未免吞食里正共里正又只取之民户未見除蝗之利百姓先被捕蝗之擾不可不戒

一附郭鄉村即印捕蝗法作手榜告示每米一升换蝗一㪷不問婦人小兒攜到即時交支如此則回環數十里内者可盡矣

一五家為甲姑且警衆使知不可不捕其要法只在不惜常平義倉錢米博换蝗虫雖不驅之使捕而四遠自輻湊矣然須是稽考錢米必支償或減尅邀勒則捕者沮矣國家貯積本為斯民今蝗害稼民有餓殍之憂譬之賑濟因以捕蝗豈不勝於化

為埃塵耗於鼠雀乎

一燒蝗法掘一坑深闊約五尺長倍之下用乾柴茅草發火正炎將袋中蝗中傾下坑中一經火氣無能跳躍此詩所謂秉畀炎火是也古人亦知瘞埋可復出故以火治之事不師古鮮克有濟誠哉是言

右件雖不仁之術倘不屏除則遺種昌熾誠何以堪姚崇所謂殺虫救人禍歸於崇不以諉公真賢相識見也

李珏賑濟法

将災傷都分作四等抄劄仁字係有産税物業之家義字係中下户雖有産税災傷實無所收之家禮字係五等下户及佃人之田并簿有藝業而飢荒難於求趁之人智字係孤寡貧弱疾廢乞丐之人除仁字不係賑救義字賑糶禮字半濟半糶信字全濟並給歷計口如常法惟濟米預散榜文十日一次委官支毗陵與鄱陽當行此法民至于今稱之

鄱陽賑救法

丁卯鄱陽旱暵憲使李珏招臣措置荒政李昔守毗陵賑救有聲臣見約束簡明無俟更改但乞將義倉米每日就城中多置場減價出糶先救城内外之民却以此錢納價計口逐月一頓支給以濟村落之民非惟深山窮谷皆沾實惠且免減糴拌和之弊一物兩用其利甚博會李不擢州臣迫官期出局故行之未免作輟良可嘆息或謂賑飢給錢非法令所載臣曰此庸儒之論且

村民得錢非惟取贖農器經理生業以係其心又可抽贖種子收買糴斛和野菜煮食一日之糧可化為數日之糧豈不簡便已上見中卷賑濟條

不俟勸分村落有米法

發米下鄉般運水脚竊拌和弊端非一故令稅户等粜認米謂之勸分非惟抑配擾民且適啟閑糴令莫若責隅官交領常平錢逐都給與所保土户每都數千緍隨都分大小增損令於豐熟處循環收糴米豆歸鄉置

場隨時價出糶麥熟日以本錢還官饑荒甚處賑至小熟官不抑價只認都內有米其領錢不與販及與販而不歸本鄉糶者皆有罰利之所在人自樂為富室亦恐後時爭先發廩矣何必勸分擾擾為也

雜記條畫

一尋常官司賑濟初無奇策只下保抄劄丁口姓名云已勸分到若干數目用好紙裝寫數本申諸司此是故紙救荒徒擾百姓實無所益今宜革之供

報上司只用幅紙申述行之方可也

一抄劄最當留意急則鹵莽多遺落緩則玩弛不及事其間有多狥私意者須明賞罰以勵之斷在必行不當姑息仍多出手榜嚴行禁約更用蘇次參實粘姓名口數于門首之法

一檢點抄劄須逐縣得人以行之然其法繁瑣姦弊最多若夫要法有三城市則減價出糶常平米村落則一頓支散義倉錢（解見於前）其不係賑濟之人則

有遂都上户領錢興販循環糶糴之法簡要便民無踰於此

一近臣寮劄子官司平日預先抄劄五家為甲有死亡遷徙當月里正申縣改正此意亦善今用四等之法每知縣到任責令用心抄劄存留當縣以備緩急庶免臨期里正賣弄之弊一遇荒歉按籍可憑賑救矣

一臣嘗觀任州縣救荒不先措置臨時倉卒鞭撻里

正抄劄大段鹵莽追抄劄既畢未見施行村民扶攜入郡請米官司米即支散裹糧既竭餓死紛然是以賑濟之名誤其來而殺之也亦有詐作流民經過請乞官吏多厭煩之然此皆飢窮實非得已官司積藏本為斯民正當矜憐豈可坐視令凡賑恤須預印手榜曉諭以見行措置發錢米下鄉未可輕動恐名籍紊亂反無所得庶革飢貧雲集之弊

一昨江東運判俞亨宗賑濟踏殺婦人一百六十二人乞待罪是未知分塲分隊逐隊用旗引之法徐寧孫建蘇次參皆有成式似可通變而行大抵百人已上便慮冗雜不可平日無紀律者況飢羸之軀易蹂踐乎

一徽州婺源東門縣學前姓胡人平日不以賑恤爲念出納㪷秤大小不同開禧丙寅五月坐閣上閲簿書忽震雷擊死簿書焚毀㪷秤剖折其妻爲神

物提下肢體無傷閭巷之人皆知之

淳熙八年救浙西常平司奏本路去歲旱傷輕重不均在法五分以上方許賑濟今來逐縣各鄉都分有分數不等若以統縣言之則不該賑濟若據各鄉都分有旱至重去處則理當存恤除已逐一從實括責五分以上量行賑濟五分以下量行賑糶得旨依

熠曰饑荒大小不同儻不分都分等降則恵不均而力不給今五分已上賑濟五分已下賑糶其法

固簡易然三分以下都分貧弱狼損之人亦多不

若四等抄劄爲均濟也

代宗廣德中歲大飢蕭復家百口不自振議鬻昭應墅宰相王縉欲得之使其弟紘說曰以君之才宜在左右胡不以墅奉承相取右職復曰鬻先人之墅以濟孀單吾何用美官使門內寒且餒乎縉憾之由是坐廢數歲改同州刺史歲歉有京畿觀察使儲粟復發之以貸百姓有司劾治詔削停刺史或弔之復曰苟利於人胡責

之辭其後拜兵部尚書

煟曰官職自有定分以巧得之不若拙而見稱於後世蕭復以墅奉宰相豈不立取富貴不發覿察侵儲粟豈至削停刺史然一時齟齬其後亦為兵部尚書豈非官職自有分定雖巧何益耶後之賑濟者但當誠心為民可行即行一己利害非所當計

儀鳳間王方翼為肅州刺史蝗獨不至方翼境而鄰郡

民或餧死皆重爾走方巽治下乃出私錢作水碓簿其
直濟饑𢊍起舍數十百楹居之全活甚衆產其地
猬曰流民至當為法以處之富粥令樵採打魚之
數地主不得為主是也但一時未免侵擾莫若修
堤浚河興水利公私兩便不然官同出錢租賃民
間蘆塲或柴蓧山近縣郭市各去處縱流民樵採
官復置塲買之并惟流民得自食其力雪寒平價
出賣亦可濟應細民

南楚新聞孫儒之亂米斗四十千將金玉換易僅得一
撮一合謂之通腸米言饑人不可食他物惟廣煎米飲
可以稍通腸胃

熠曰昔唐兵圍洛陽城中乏食民食草根木葉皆
盡相與澄浮泥投米屑作餅食之皆病身腫脚弱
死者相枕倚蓋久饑腸胃噎塞乍飽多死惟米飲
可以通腸嘗記乾道間江西大饑民有食白膳土
築殺者時帥出勸農饑民入狀借錢販糴度荒帥

判云紛紛黨與亙三朝五十餘年積未消野老不
知當日事尚持片紙覔青苗嘗時若責上戶領錢
往他處收買糴斛循環糶糶以救饑民未必若此
也惜哉
馬尋明習法律皇祐四年知襄州會歲饑或羣入人家
掠囷粟獄吏鞫以强盜尋曰此脫死耳其情與爲盜異
奏得減死論遂著爲例
熠曰荒政除盜亦當原情項有尹京者以死囚代

為盜者沉之于江此最為得策盖凶荒之年强有力者好倡亂須當有以聳動之使遠近自肅之為上不然則羣聚而起殺傷多矣

隋末河内飢人相食李軌興義兵僭稱帝號傾家財以賑之不足欲發倉粟召羣臣議曹珍等曰國以民為本豈懷倉粟坐視妻死乎時有隋官心不服排珍曰百姓飢者自是羸弱勇壯之士終不至此國家倉粟以備不虞豈可散之以餉羸弱僕射苟悦人情不為國計非忠

臣也軌以為然由是士民離散尋致敗

煟曰李軌飢賊耳固不足論然行反間者多倡為倉粟不可散之說使失士民之心況夫萬乘之主欲為根本慮者豈愛惜倉粟坐視百姓死亡乎

建州甌寧縣有洞曰回源其北與建陽接境乃建炎初劇賊范汝為竊發之地民性悍而習為暴小遇饑饉摩起剽掠去歲因旱凶民杜八子乘時嘯聚首破建陽遂官吏殺居民至夏張大一李大二復於洞中作過本路

帥臣仍歲遣官軍蕩定時進士魏掞之謂民易動葢緑艱食乃請於提舉常平官得米一千六百石以貸鄉民至冬而取遠置倉于邑之長灘鋪自後每歲散歛如常民得以濟不復思亂而草寇遂息人謂掞之所請乃社倉遺意使諸鄉各有倉儲粟則緩急可恃矣

熠曰社倉乃公私儲積救濟小民使兼併者無所肆其侵漁之心儻天下郡邑諸鄉皆能行之為利甚博令列社倉規約于後

朱熹社倉奏請

淳熙八年十一月浙東提舉朱熹奏臣所居建寧府崇安縣開耀鄉有社倉一所係乾道四年鄉民艱食本府給常平米六百石委臣與土居朝奉郎劉如遇同共賑貸至冬收到元米次年夏間本府復令依前貸與人户冬間納還臣等申府措置每石量收息米二斗自後逐年從此斂散或遇少歉即蠲其息之半大歉則盡蠲之至今十有四年量支息米造成倉廒三間收貯已將元

米六百石納還本府其見管三千一百石並是累年人戶納到息米已申本府照會人衆依前斂散更不收息每石只收耗米三升係臣差本鄉土居官及士人數人同共掌管遇斂散時即申府差縣官一員監視出納以此之故一鄉四五十里之間雖遇凶年人不闕食竊謂其法可以推廣行之他處而法令無文人情難保妄意欲乞聖慈特依義役體例行下諸路州軍曉諭人戶有願依此置立社倉者州縣量支常平米斛責與本都上

富等人戶主執斂散每石收米二㪷仍差本都土居或
寄居官員士人有行義者與本縣同共出納收到息米
十棓本米之數即送元米還官却將息米斂散每石只
收耗米三升其有富家情願出米本者亦從其便息米
及數亦與撥還如有鄉土風俗不同者更許隨宜立約
申官遵守實為久遠之利其不願置立去處官司不得
抑勒則亦不至紛擾此在今日言之雖無濟於目前之
急然實公私儲蓄預備久遠之計人必願從者伏望聖

慈詳察施行聖旨户部看詳聞奏本部看詳欲行下諸路提舉司隨下本路諸州縣曉示任從民便如照依上件施行而本鄉土居或寄居官員有行義者具狀赴本州縣自陳量於義倉米内支撥其斂散之事與本鄉耆老公共措置州縣並不得干預抑勒十二月日三省同奉聖旨依户部看詳到事理施行

崇安社倉條約

一逐年二月分委諸都社首保正副將舊保簿重行

編排產錢六百文以上及有營運衣食不缺之人
即注不合請米字外有合請米人戶即仰詢問願
與不願請米各令親押字三月內將所排保簿赴
官交納鄉官點檢抽摘審問仍出榜許人告首如
有漏落及新添一戶一口不實即申縣根治如無
欺弊即與支貸
一逐年五月下旬前後新陳未接之際預於四月上
旬申縣乞依例支貸

一申縣訖一面出榜排定日分分都支散先遠後近曉示人戶各依日限具狀狀內開說大人小兒口數結保每十人為一保遞相委保如保內有逃亡之人同保均備取定十人以下不成保不支正身赴倉請米仍仰社首保正副隊長並各赴倉識認面目照對保簿如無僞冒重疊即與全押保明其日鄉官同入倉據狀支散給關子具本息耗米數付令收執

一人戶所貸官米至冬納還不得過十一月下旬先於十月上旬定日申縣乞差吏斗前來收納兩平交量每石

收息米二斗（小歉除息之半，大歉全免收息）俟滿十年以本米送還元借官司每石量收耗米三升準備折閱及支吏斛等人飯米其米正行附歷收支每遇支散交納日本縣人吏一名斛子一名倉子兩名每名支飯米一斛鄉官并人役每名支飯米五升（人從每位不過二人）

金華縣社倉規約

社倉穀本五百石

社倉只置都簿一面紙盡置第二面

一甲不許過三十人甲頭一人不滿十人附甲不許詭名冒借犯者出社甲頭陂替許同甲告罸甲頭所納給賞

散穀以三時謂除夜或不舊接新並須甲頭相度

一户借一户甲頭倍之無居止及有藝人不借若口累家多作田廣甲頭保明别議增倍

借穀上簿不立契還穀就簿內銷

借穀日每户納錢五十文甲頭免十五文給甲頭十文守倉人十文雜

支十五文掌倉量錢此外不許分文乞索許甲內人告以所得錢支賞

量穀本甲甲頭執概（並見清量掌倉分擅執概改替）

選以三限限以三日（謂如十甲每甲若干人一限納若干並甲頭預報定日子一人不到甲內穀並留倉候足交量）

息穀二分（謂石取息二斗）中飢減半大飢盡免本户納息已

滿十年免收息（謂第一年納至十一年免）

耗穀三釐（謂穀一石取耗三升以備折閱及充每歲社倉雜費）

甲內逃亡甲頭同甲內均填甲頭倍之（若係時疾户絕甲頭申倉

差人審實俟還穀日銷落若不循理者雖已還出社

息穀有餘遇飢荒給散許所有每人大人二升小兒一升十日止並以戶口為定

社衆於規約犯一事不借一年再犯出籍

清江縣社倉規約

一所給借貴均平亦慮失陷耒本其支借時鄉官審問社首及甲内人某人可借千衆以為可方可支借其素號游手及雖農業而衆以為懶惰頑慢者亦不支貸

一鄉官踏逐善書寫百姓一人不得用罷任過犯人專充書寫

簿書如收支執概就差社首遇收支日日支飯米

一㪷

一倉中事務並委鄉官掌管但差使保正編排人戶

驅磨簿歷彈壓斂散踏逐倉廒追斷逋負之類須

官司行遣於縣官內擇一時可委之人以司其事

一鄉官從本軍給帖及木朱記主執行遣

一籍歷紙札每歲於息內支破

熠曰社倉規約雖不同使天下郡邑皆能欽此意以行之雖有水旱民不困乏矣

總校官候補中允臣王燕緒

校對官主事臣陳墉

謄錄監生臣陳增

圖書在版編目(CIP)數據

救荒活民書 / (宋) 董煟撰. — 北京 : 中國書店,
2018.2
ISBN 978-7-5149-1873-1

Ⅰ. ①救… Ⅱ. ①董… Ⅲ. ①救灾－中國－南宋
Ⅳ. ①D691.9

中國版本圖書館CIP數據核字(2017)第312463號

四庫全書·政書類

救荒活民書

作者 宋·董煟撰
出版發行 中國書店
地址 北京市西城區琉璃廠東街一一五號
郵編 一〇〇〇五〇
印刷 山東汶上新華印刷有限公司
開本 730毫米×1130毫米 1/16
印張 19.25
版次 二〇一八年二月第一版第一次印刷
書號 ISBN 978-7-5149-1873-1
定價 六八元